●次世代教師シリーズ

ズバッと成功！
教室の困難児指導
～勉強苦手・暴れん坊君とつきあう
ヒミツのカギ～

林　健広　著

学芸みらい社
GAKUGEI MIRAISHA

まえがき

　Ａ君。学校で一番の暴れん坊だった。
　目はつり上がっている。白目をむいて、友達を追いかけ回すこともあった。教師にむかって、「うるせぇ！」と叫ぶこともあった。
　私は、休み時間も、Ａ君のそばにいた。トイレに行きたくても、なかなか行けなかった。算数の時間がＴＴだったので、その時間にあわててトイレに行っていた。
　ある日のこと。私が見ていないときに、Ｂ君とトラブルになる。Ａ君は、Ｂ君を叩いてしまった。
　Ａ君は興奮していた。肩が上がり、目つきは鋭い。
　教室は、生徒指導主任に任せる。
　私は、別室でＡ君が落ち着くのを待つ。５分後、Ａ君が落ち着く。そのまま、Ａ君は教室へ戻る。
　何もなかったかのように、Ａ君は授業に参加した。
　よく発表もした。
　給食時間前、Ａ君をそばに呼ぶ。
　「Ｂ君を叩いたこと、そのことだけは謝ろうか？」と話しかけた。
　「うん！」と返ってくる。
　何度か「殴って、ごめんなさい」と、Ａ君と私で練習した。
　そして、Ｂ君を呼ぶ。
　「ごめんなさい」
　これで解決すると思っていた。
　その瞬間、Ｂ君が返す。
　「いやだ！　また、どうせ僕を殴るんでしょう!!」
　Ａ君も瞬間に目つきが変わる。
　「うるせぇ！　お前が悪いんじゃ!!」
　互いに興奮する。あわてて、間に入る。

この失敗で、私は大事なことを学んだ。
A君は、1年生のときから暴れていた。
クラスの友達は、1年生のときから叩かれていた。
そのたびに「ごめんなさい」とはA君は言う。
しかし、また叩かれる。
「ごめんなさい」と言われても信用できないのである。
また同時に、A君とトラブルを起こす子も、発達障害の子供であった。

この失敗から、謝る場面の前に、私は1パーツ加えた。

> 叩かれた子を、事前に廊下に呼ぶ。
> 教師が「謝ったら、許してあげようね」と打ち合わせをしておく。

叩かれたB君を廊下に呼ぶ。教師と二人っきりだ。
「大丈夫かい？　もう痛くないかい？」
「はい、大丈夫です」
「そうかぁ、良かった。A君が謝りたいんだって。泣いていたよ、ごめんなさいって。謝ったら、許してあげようか？」
「はい、わかりました」
こうして、A君とB君を会わせるのである。
A君が暴れたとき、11のパーツで指導した。
①別室で落ち着かせる。
②担任がそばにいる。教室は他の教師に任せる。
③落ち着いたら、「大丈夫かい？」と心配する。背中をゆっくりなでる。
④「先生と教室帰るかい？　一人で帰るかい？」と選択させる。
⑤授業では、いつもどおりに過ごす。
⑥数時間後、A君に「叩いたことだけ」謝るように言う。
⑦A君と「ごめんなさい」の練習をする。

⑧B君を廊下に呼ぶ。
　「謝ったら、許してあげられるかい？」と打ち合わせをする。
⑨A君とB君を会わせる。
　「ごめんなさい」「いいよ」と互いに言う。
⑩A君に個別に「よく謝ったね」と褒める。
⑪B君に個別に「よく許したね」と褒める。
　この11のパーツで、A君が暴れても、解決できるようになった。

　大変な1年だった。
　しかし、それ以上に学びになった。

> 「大変」なときは、「大きく変わる」チャンスである。

　A君を担任しなければ、11ものパーツでトラブル解決することを思いつかなかった。
　A君を担任したことで、より緻密に、より優しく、より温かく指導できるようになった。
　教師として成長できた1年だった。

　Bさん。お勉強が苦手な子供だった。
　4月漢字まとめテスト（昨年度の漢字）、50問で1点。
　「私、漢字が苦手なんだ！」と言う。
　4月・1回目のテストで50点（100点満点）を取る。
　私は喜んだ。
　50問テストで1点だった子が、半分できたから。
　「よかったなぁ！」と声をかけようとすると、Bさんの目から涙がこぼれていた。
　漢字テスト用紙を、ぐちゃぐちゃにしていた。
　他の子は100点だった。

自分は50点だ。そのことが、悔しいのだろう。
　目の前で泣いている子供。私は自分を恥じた。
　あれやこれや、思いつく限りのことを試す。
　10月末には、自力で100点満点を取るようになる。
　お勉強が苦手な子供を前にしたとき、教師は手をこまねいてはいけない。
　本を読む。仲間に聞く。セミナーに出かける。あれこれ試す。
　とにもかくにも、教育活動を続けなければいけないのである。

　「お前、殺してやる！」と、暴れる子。
　要録・算数科に「1」が毎年続く、お勉強が苦手な子。
　どんな子供でも必ず良い子になる。賢くなる。
　教師が、あきらめないこと。
　教師が、自らの実践を否定し、学び続けること。
　教師が、その子を温かく包みこむこと。
　教師が、「大丈夫だよ、昨日より良くなっているよ」と褒め続けること。必ず道は拓ける。

　本書が、困っている子供やその保護者、そして教師にとって少しでも役立つ1冊になれば幸いである。

　　　　　　　　　　　　　　　　　　　　　　　林　健広

もくじ

まえがき………2

I 学習困難児の「学力形成の関所」を越えるヒミツのカギ

1 漢字まとめが1点だった子が、100点を取る4つのカギ … 10
「教師の手」「間違いだけ」「選択」「赤鉛筆」
①教師の手のひらで指書きをさせる／②間違ったところだけ、教師が色を変え手本を書く／③コース選択をさせる（10問のうち何問するのかAさんが選ぶ）／④教師が赤鉛筆で薄く書き、Aさんがなぞる

2 作文大嫌いっ！だった子が
原稿用紙1枚すらすら書く2つのカギ …………………………… 17
「モデル」「場数」
モデル①名文名詩をモデルとする／モデル②有名な実践家のクラスの子供が書いた作文／モデル③教科書の文章／モデル④クラスで書くのが得意な子の作文

3 算数テスト15点だった子が、100点を取る2つのカギ …… 30
「解き方スキル」「教具」
3年算数「時間と長さ」4マス君⇒平均98点／6年算数「単位の換算」単位尺&ノート⇒平均148点（150点満点）

4 ぐちゃぐちゃノートの子が、
うっとりノートに変わる3つのカギ ……………………………… 39
「定規」「手本」「教師も一緒にまとめる」
定規で線を引く／問題と問題の間は、2行以上空ける／下敷きを敷く／教師が、毎時間ノートチェックをする

5 賞状を1回も取ったことがない子が、
賞を取る人物画2つのカギ ……………………………………… 45
「酒井式わくわく絵のれん習ちょう」「5つの構図」
①酒井式わくわく絵のれん習ちょう／②構図（中心人物を大きく、脇役を小さく）／③背景（いつなのか、どこなのかをはっきりさせる）

II 「人間関係形成の困難」な子供
授業で「人間関係形成」をつくる

1 つり上がった「怒り」の目が「柔和」な目に変わる ……… 52
ヒミツのカギ
授業①4月の出会いで褒める／授業②休み時間に次の準備を一緒にする／授業③すべてに○をつける／授業④役目を与える／授業⑤みんなの前で力強く褒める

2 遊びで「人間関係形成」をつくる ………………………… 58
「人間関係形成の困難」な子供①
①缶けり／②ふれあい囲碁／③五色百人一首

3 保護者と一緒に「人間関係形成」をつくる ……………… 67
「人間関係形成の困難」な子供②
けがをさせたA君 保護者にどう電話する？／保護者と担任の絆をつくる一筆箋＆通信／個人懇談が最大のチャンス！ 人間関係形成の助言

4 トラブルのときに「人間関係形成」をつくる ……………… 71
「人間関係形成の困難」な子供③
ステップ①心配する／ステップ②選択させて、教室へ戻す／ステップ③時間が経ってから、謝らせる／ステップ④B君にも事前に打ち合わせをしておく／ステップ⑤「ごめんなさい」というスキルを強化する

III 「勉強が苦手な子供」を位置づけた
アクティブ・ラーニングの授業

1 アクティブ・ラーニングを支えるアイテムは黒板 ………… 75
発達障害の子に優しいのは何故か
1つ目。全員が授業に参加できることだ／2つ目。言葉にこだわる子が育つことである／3つ目。クラスで一番勉強が苦手な子供が授業に参加できることである／4つ目。発達障害の子供に優しい／5つ目。対話的な学びを支える

2 国語でアクティブ・ラーニング …… 79
「詩」「慣用句」「接続詞」をＡＬで楽しく教えるカギ

実践例① 文章を討論で修正する／実践例② 「手」は何通りの意味があるか討論で検討する／実践例③ 接続詞を楽しく検討する

3 算数でアクティブ・ラーニング …… 88
「答えを確定」「ノート」「黒板」「評定」「隣」5つのカギ

1 アクティブ・ラーニングを支える5つのカギ／2 説明がなかなか書けない子供　写すことを続けていくのがカギ

4 社会でアクティブ・ラーニング …… 98
中学年でおススメ「教科書」と「子供たちが住んでいる地域」を結ぶカギ

実践例① 4年「地震」／実践例② 3年「地図」

5 道徳でアクティブ・ラーニング …… 106
偉人から学んだ生き方を、自分の生活にトレースする7つのカギ

①資料を読む／②あらすじを大まかにつかむ／③夢をかなえた考え方、行動に線を引く／④どこに線を引いたか、隣同士で話し合う／⑤発表する／⑥自分の生活に当てはめる／⑦羽生さんから学んだ生き方、これから自分でやる行動を書く

Ⅳ 逃げない・孤立しない！ かっこよく！　尊敬される担任教師10か条

1 温かく長い目で対応する …… 110
学校一の乱暴なＡ君が「穏やかな目」に変わった10のカギ

1条　温かく長い目で対応する／2条　教えて褒める／3条　ならぬはならぬ。ルールは明文化する／4条　授業で、小さな成功体験を積み重ねる／5条　休み時間は、どこにいるのか把握する！　そして下駄箱でＡ君を迎える！／6条　記録を取れ、トラブルの原因を探れ／7条　保護者もまたキレやすい。味方になりつつ事実は伝える／8条　TOSS教材をどんどん使う。ただし、ユースウェアどおりに使う／9条　他の先生の力を借りる。ただし、担任の責任は放棄しない／10条　大変なときほど、サークルに行く。セミナーに行く

◆ちょっとUD情報◆

発達障害を学ぶならば………………………………………………………	16
子供を褒めることは、どの教科においても有効な指導法 ………………	44
漢字が苦手な子供といっても ………………………………………………	51
『板書する子どもたち 自主学習への過程』という本 ……………………	57
和久田学氏は算数LDの子供は ………………………………………………	70
子供がキレて暴れたとき。大事なのは ………………………………………	74
討論の授業で、発達障害の子供が白熱し過ぎるとき ………………………	87

あとがき………122

Ⅰ 学習困難児の「学力形成の関所」を越えるヒミツのカギ

1 漢字まとめが1点だった子が、100点を取る4つのカギ
「教師の手」「間違いだけ」「選択」「赤鉛筆」

　Aさん。教師に物を投げたり教室を飛び出したりと暴れに暴れていた。休み時間には、廊下で一人立っていた。

　「元気かい？」と私が声をかけると、「ああ」と遠くを見て、弱い声で返してくる。

　目はつり上がっていた。

　ある年。

　私が担任となる。

　4月、漢字50問テストをした。昨年度の漢字。Aさんは1点だった。

　そして、10月。Aさんが漢字10問テストで100点を取った。

　ヒントなし。自力で、100点。4つの指導をした。

---

①教師の手のひらで指書きをさせる。
②間違ったところだけ、教師が色を変え手本を書く。
③コース選択をさせる（10問のうち何問するのかAさんが選ぶ）。
④教師が赤鉛筆で薄く書き、Aさんがなぞる。

　以下、4つについて書く。

---

①教師の手のひらで指書きをさせる。

　向山式漢字指導どおり、4月に指書きを教えた。

画数を言いながら、指で漢字を机に書く。

山ならば「イチ、ニ〜〜、サン」と言いながら、机に指で漢字を書く。

ところが、Aさんは、漢字がぐちゃぐちゃである。

なぞり書きは、正確に書けている。

しかし、写し書きでは、1画足りなかったり、逆に1画多かったりする。

そこで、指書きのあと、教師の手のひらに書かせることにした。

Aさんは喜んで、私の手のひらに書いていた。

小野隆行氏（TOSS岡山）によると、「センサリー」が関係しているという。

特別支援を要する子は、触覚に障害ある場合があるという。

健常者からすれば違和感のない感触でも、嫌な感触になるという。

指書きが「痛い」と感じる子もいる、と小野氏が言っていた。

そのような子供には、教師の手のひらに指書きをさせることは有効である。

---

②間違ったところだけ、教師が色を変え手本を書く。

Aさんが間違った漢字を書いた場合、私が下に正しい漢字を書き、写させていた。

しかし、この指導法はAさんには有効ではなかった。

次の日も同じ間違いをする。

そこで、右下の写真のようにした。

2つの工夫がある。

1つ目が間違ったところだけ色を変えた手本にした。

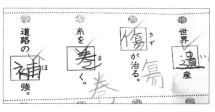

例えば、Aさんは「補」の部首を「ネ」と書いている。そこで「ネ」の４・５画のところだけ赤字で書く。他は黒字で書く。
　２つ目が、ノートに大きく書く。
　Aさんは、小さく書くのが苦手だ。そこで、ノートに大きく大きく書かせた。

> ③コース選択をさせる（10問のうち何問するのかAさんが選ぶ）。

　４月。学年最初の漢字10問テスト。
　Aさんは100点満点の50点だった。
　私は喜んだ。
　50問テストで１点だった子が、半分できたから。
　「よかったなぁ！」と声をかけようとすると、Aさんの目から涙がこぼれていた。
　漢字テスト用紙を、ぐちゃぐちゃにしていた。
　他の子は100点だった。
　自分は50点だ。そのことが、悔しいのだろう。
　４月に子供を失敗させてはいけない。
　特に、勉強が苦手な子、乱暴していた子を失敗させてはいけない。
　「今年こそ、私もできるようになるぞ！」と思っているのだ。
　その思いを、林が壊してしまったのである。
　「大丈夫だよ、先生と一緒にがんばっていこうね。必ずAさんはできるようになるから、大丈夫だよ」
　Aさんは、こくりと小さくうなずいた。
　そこで、２回目からやり方を変えた。
　赤ねこ計算スキルのように、問題数を選択させた。
　２問コース、５問コース、10問コースと選択できるスキルである。
　テスト前日。
　テスト練習のページのときに、小さな声で話した。

「Aさん。計算スキルのように、問題を選んでいいからね。2問コースにしようよ。2問正解したら、100点。1問50点だ」

　Aさんは、黙ってコクリとうなずく。

　そして、100点を取った。

　2問コースを選んだ。

　丁寧に丁寧に書いている。

　私はそばにいき、大きく○をつけた。

100点と大きく書いた。

「あとは、写してごらんね」と小さな声で言う。

　嬉しそうに、実に嬉しそうに「100点だぁ！」と言っていた。

　Aさんの漢字テスト結果とコース選択である。

　毎週1回、10問テストをした。

■4月
　　50点（10問コース選択）
　　100点（ 2問コース選択）
　　100点（ 2問コース選択）

■5月
　　100点（ 2問コース選択）
　　100点（ 2問コース選択）
　　100点（ 2問コース選択）
　　100点（ 2問コース選択）
　　100点（ 2問コース選択）

■6月
　　100点（ 7問コース選択）
　　100点（ 5問コース選択）

■9月
　　100点（ 8問コース選択）
　　100点（ 2問コース選択）

100点（ 7問コース選択）

　　100点（ 5問コース選択）

■10月

　　100点（ 9問コース選択）

　　100点（ 8問コース選択）

　　100点（ 6問コース選択）

　　100点（10問コース選択）

　9月になり、5問コース以上を選ぶことが多くなる。

　10月になり「5問コース！」「8問は大丈夫！」と言うようになってきた。

　そして10月最後の週。

　漢字テスト100点を取った。10問コースである。

　自力である。

　漢字テストの点数発表のとき、Aさんは「自力で100点です!!」と答えた。

　偶然ではあるが、その日はクラス全員が100点であった。

　どの子も鉛筆をおかせ、話をした。

　「みんな、とってもよくがんばったね。偉いよ」

　「特に、Aさんが偉い。漢字が苦手だぁ苦手だぁと言っていたけど、自力で100点！」

　Aさんが、そうそうとうなずく。

　「こうやって、こつこつと努力する人が先生は大好きです」

　クラスのあちこちから、「おめでとう！」「すごい！」と声が聞こえてきた。

　なお、脳科学からみても、選択させることは有効である。

　自己報酬神経群は、自分からやるという主体性をもって、考えたり行動したりしないと機能しません。先生に指示されたからというような従順な態度では、物事が理解できても、「思考」が働かない

のです。

『図解　脳に悪い７つの習慣』P 48（林成之氏・幻冬舎）

　自分でできそうな問題を選択させることは、やる気につながるのである。

　なお、学期末50問テストでも選択させることは、有効であった。

　50問テストは、１段10問×５段になっている。

「Aさん、どの段からするかい？」

「まずは２段目から行きます」というように、選択させた。

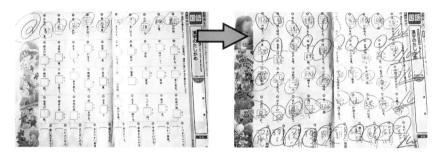

　１学期末も２学期末も、みんなと同じように100点を取った。

　個人懇談で、保護者に漢字テストを見せた。

　すると、保護者は涙を流した。

「初めて、うちの子が100点を取ったのを見ました。ありがとうございます」と涙をハンカチでふきながら話していた。

④教師が赤鉛筆で薄く書き、Aさんがなぞる。

　テストのとき、Aさんの手が止まる漢字があった場合、最初の１、２画を薄く赤鉛筆で書く。

　薄くがポイントだ。

　濃く書けば、鉛筆でなぞっても、赤が残る。

　薄くならば、赤が見えない。

いくら子供のためであっても、自尊心を傷つける指導は厳禁である。学習が苦手な子、暴れる子供への指導の第一キーワードは、自尊心を高めることである。
　いくら100点を取らせる指導法であっても、自尊心を傷つけては本末転倒である。
　赤鉛筆で、漢字全ては書かない。
　出だしの1画、2画である。すると、Aさんが「あ!!!」と言う。鉛筆が途端に動き出す。
　赤鉛筆で薄く書く、これは向山型算数の指導法である。
　しかし、優れた指導法は、算数だけで有効なのではない。
　以上、4つの指導法で、Aさんが100点を自力で取るようになった。
　2学期末、Aさんは「漢字が得意だから！」「もう林先生、そばにいなくてもいいよ！　大丈夫だから！」と言うようになっていた。

他の学級でも、漢字が苦手な子が100点を取る

　なお、この指導法は、林学級だけで効果があったのではない。
　同僚の学級でも、有効であった。漢字0点が当たり前だったB君が、同じ指導法で100点を取るようになった。
　「100点って1年生以来だ……」と言ったそうである。
　担任も保護者も、そして教師も飛び上がって喜んでいた。

──〈ちょっとUD情報〉──
　発達障害を学ぶならば、杉山登志郎氏（日本小児精神神経学会理事）の著書は必読である。杉山氏によると、子供によっては「遠足の作文を書きなさい」で書けない子供がいる。例えば、自閉症の子供は「遠足」という一般化ができないのである。では、教師はどうすればよいのか？「昨日、遠足で何をしたかな？」バスに乗る、弁当を食べる、池で遊ぶという1つ1つを分けていく。「どれが一番楽しかったかな？」と聞き、その1つだけを書かせていけば、書ける。

作文大嫌いっだった子が原稿用紙1枚すらすら書く2つのカギ
「モデル」「場数」

作文大嫌いっ子が、原稿用紙1枚すらすら書く。
そのためには、2つのカギが必要だ。
モデルと場数。
良質のモデルを提示し、あとはたくさん書かせる。

モデルには、4つのタイプがある。

> モデル①名文名詩をモデルとする
> モデル②有名な実践家のクラスの子供が書いた作文
> モデル③教科書の文章
> モデル④クラスで書くのが得意な子の作文

モデル①名文名詩をモデルとする

　1つ目が、名文名詩。国語の授業で毎回、『話す・聞くスキル』（正進社）を音読させている。3学期には、どの子も20以上の名文名詩を暗唱できるようになっている。
　比喩＆リフレインといったレトリックを、自然と身につけるようになる。

モデル②有名な実践家のクラスの子供が書いた作文

　2つ目が、有名な教師が書かせた子供の作文である。優れた学級の作文を、子供たちに読み聞かせをする。「同じ小学生が書いた作文です」と言う。子供たちは、びっくりする。
　例えば、俳句。国語の教科書に松尾芭蕉の俳句が載っていた。

「閑さや岩にしみいる蟬の声」
芭蕉について、いくつか説明する。
①江戸で豊かな生活をしていたこと。
②家を捨て、弟子も捨て、旅に出たこと。
③45歳で東北に旅に出たこと。これは現代で言えば、90歳で南極に行くようなものであること。
④この俳句は、立石寺でのこと。
そして、向山学級の作文。印刷したものを、子供たちに渡す。
教師がゆっくり読み聞かせをする。
松尾芭蕉の作品「荒海や佐渡に横たふ天の川」について書いたものである。

> 　芭蕉の長旅は、もう終わりそうになっていた。ついたところは、新潟の佐渡島がよく見えるところだった。芭蕉の足は、ぼうのようになっていた。まどの外を見ていると、ぽつんと海の上に佐渡島が見えた。外はまっくらなので、佐渡島のほかには、波のザ、ザッーという音しか聞こえなかった。芭蕉の頭の上に、佐渡島とつなぐように、天の川があった。

あと４つのモデルを読み聞かせした。

「参考にして、書きなさい」

　１行書けた子から、ノートを持ってこさせる。
持ってきた子から、音読する。
褒めるため。そして、他の子の参考にするため。
「うわぁ！　上手だなぁ！」
「なるほどぉ。……って余韻を出すのを工夫しているね」
「同じセリフを繰り返している。リフレインだ」

林学級の作文である。

◆Aさん　芭蕉の長旅…。立石寺についた。立石寺の岩にしみいる蟬の声。芭蕉の心の中は「暑い…」「暑い…」。雲はぼんやり。芭蕉の体力もぼんやり。だがそこで、芭蕉は思いついた。「閑けさ」「岩」「蟬の声」。これをまとめて俳句にすると…。命より大切な俳句にすると…。芭蕉は読んだ。「閑けさや岩にしみいる蟬の声」と。芭蕉は読み終えると、気分を変えた。そして「俳句の旅」をただ一人で続けるのだった。

◆Bさん　芭蕉の長旅の7月13日のこと。立石寺の長い長い階段をゆっくりゆっくりのぼっていく。今は夏。江戸からの長旅。階段はのぼってものぼっても前に進まない気がした。芭蕉の心は「暑い。暑い」でも、あのとき決心した。もっと俳句を学ぶ。その心を忘れず、ずっと一歩ずつ歩いていく。周りからは何も聞こえない。ただ聞こえるのは芭蕉の小さな足音。芭蕉の俳句の心は、ただただ階段の岩にしみこんでいく。

◆Cさん　芭蕉はやっとのことで、立石寺についた。入道雲がもくもくわいている日差しの強い夏。耳をすましたら蟬の声が聞こえる。芭蕉はそのまま蟬の声をしばらく聞いていた。芭蕉はおそらく今までの旅を思い出し、自分はそう長くないことに気づいていたのだろう。そう思い、この俳句も自身の生涯をかけて書いたのだろう。

　なお、有名な実践家のクラスの作文は『楽しいモデル作文114─お手本ナビゲートでどの子も書ける作文指導』（林健広・明治図書）に114例載っている。

モデル③教科書の文章

　教科書の説明文も、良質なモデルである。
　教科書をモデルにして、説明文を書く。
　４年生「ヤドカリとイソギンチャク」。
　説明文は次の構成でできていることを授業した。

◆はじめ（ヤドカリとイソギンチャクのちょっとした説明）
◆問い（ヤドカリは、どうしてイソギンチャクをつけているのでしょうか）
◆答え（それは〜だからです）
◆まとめ（自然の世界で、互いに助け合っているのです）

---

①この後、図書室で『科学のアルバム』シリーズから、調べてみたい本を１冊借りる。
②教師が書いた手本の説明文（右下）を、子供たちに渡す。
③はじめ、問い、答え、まとめ。
　１つずつ書けたら教師のところへノートを持ってくる。
　１つずつ持ってこさせることで、４つの構成であることをより意識できる。また、すべて書き終わっていて、「問いがないよ」と言い書き直しさせることは子供にとって負荷が多い。
④タイトル、イラストを書く。

モデル④クラスで書くのが得意な子の作文

◆宿題の作文は必ず「誰の」「どこが」良いのか、評価する。

　宿題で作文を書かせる。週に１～２回は、作文である。

　必ず原稿用紙１枚、最後の行まで書かせる。

　書くのが苦手な子は、テーマを２つにしてもいいから、最後まで書かせるようにしている。

　もちろん、やらせっ放しではない。朝の読書時間、教師がバッと全部を読む。そして、上手な作文を３枚程度別にしておく。

　そして朝の会で言う。

>　「Aさんの作文がよかったです。まず一文が短いのです。昨日のことでした。とあります。一文が短いです。一文が短いから意味が伝わりやすいです。こういうのを達意の文と言います」

　こうすると、次の作文のときは、他の子も一文が短くなる。

　他にも「題名がいいですね！『最高の日曜日～野球からステーキ～』こういうサブタイトルはいいですね！」

　こうすると、次の作文のとき、他の子も題名に工夫するようになる。

ただ宿題にするだけでなく、教師がコードを持ち、そして全体に広げるようにしていく。

◆リンゴの皮を教師がむく。評定で書く力を伸ばす。
　授業の中でも、上手な子の作文を褒めて、全体に広げていく。
　５年生。

> 「先生が今からすることを、長く書きなさい」

　黙って、リンゴを鞄から取り出した。そして、教師は皮をむき出す。
「はい、ここまで」
１０秒程度だ。子供たちはすぐに持ってくる。
【先生がリンゴをむきました】
「すごいなぁ！　すぐに持ってきた！　ABCのCです」
子供は、びっくりした表情となる。
また、別の子が持ってくる。
【先生が、赤いリンゴをむきました】
「よく持ってきたなぁ。えらい！　C」
　しばらく、Cが続く。子供たちは、Cが続くと熱中する。
　褒めることでも熱中するが、Cが続いても、子供たちは熱中する。
【先生が、かばんからリンゴを出しました。とてもおいしそうです。そして、ゆっくりと皮をむきました。とても上手にむいていました。しばらくすると、『はい、ここまで』と言いました】
「上手！　Bです!!」
　歓声があがる。子供たちは一気にヒートアップした。
　授業の最初に、【先生がリンゴをむきました】とだけ書いていた子が、３０分後には、次の文を書いていた。
【先生はリンゴを持って、机の前に持ってきた。バックの色は黒だ。そのかばんから先生はリンゴを出した。ドンと出した。そして、あとか

らほうちょうも出した。リンゴの色はじゅくしてそうな色だった。リンゴはどこにでもありそうなリンゴだ。みんなが『食べたい』と言っていた。先生は、ほうちょうとリンゴを持って、リンゴをむいた。まるで、大ちゃんと和ちゃんにいつもむいているみたいな、慣れた手つきだ。そして、上を少しむいた】

　評定することで、上手な子をモデルとすることで、子供たちの作文はここまで向上する。

　なお、長く書く実践は、向山洋一氏が「教室の前のドアから入る」実践をしている。林は、フランスの教科書に「教師がリンゴの皮をむき作文させる」実践があると知り、書かせた。

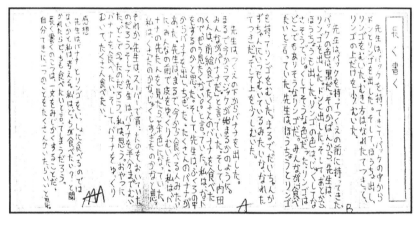

　モデルと同時に、場数も大事である。

　場数とは、「たくさん書かせる」ことだ。

　１年間で原稿用紙100枚以上は書かせる。

　右は、ある子の１年間の作文である。私は１年間、子供たちの作文を保存する。３学期末に原稿用紙をまとめ、ホッチキスでとめる。作文集だ。

「わぁ、こんなに書いたんだ！」
と子供たちは喜ぶ。

ただ、同じテーマで書かせても子供たちは飽きる。

面白テーマを、紹介する。

面白テーマ①対話

隣同士、交代で作文を書く。

話してはいけない。筆談だけである。

話してはいけないことが、この授業のポイントである。ひそひそ話もいけない。

だからこそ、熱中した授業となる。

１冊のノートを、互いに書いて交換していく。

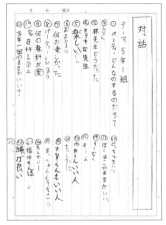

にこにこしながら、書き進めている。

慣れてきたら、「夏休み」「６年１組」などとテーマを決めて書かせていく。

「先生、対話の授業がしたいです！」とアンコールが起こる授業である。

面白テーマ②未来作文

子供たちは、未来を語る作文が好きである。
◆「10年後の同窓会」作文
◇Aさん

「先生お誕生日おめでとう」。１月５日、元６年１組のメンバーの声が店内でひびきあう。今日、同窓会だった。幹事は○○くんと○○さんだ。○○さんが「先生の誕生日だし、新年会か同窓会としてしよう」と言っ

ていたから、私はお多福の響灘に来た。前までいっしょの高校だったのに変わってしまっている人もいた。

　先生の頭は、白髪だらけだった。他にも、左手の薬指に指輪をしている人もいた。だいたい会がお開きになるぐらいで、○○さんが、「２次会行く人？」と言ってきた。私と十数人が行くことになった。場所はカラオケだ。まず、○○君や○○君が歌って、先生が歌って、最後にはみんなつかれてねていた。時計を見ると、日付けが変わっていた。楽しかったなぁ。

　こういう事が本当になったら嬉しい。10年後みんなはどうなっているだろう。

◇Ｂさん

　「うわあ〜。なつかしい！」ここは10年後の「たかせ」の大広間。川棚小を卒業したメンバーで集まっている。

　林先生は、あの頃と全然変わっていない。面白くて元気で、優しい林先生のままだ。そして、○○君に「宿題やったか？」と笑いながら質問している。○○君も林先生の真似をして笑っている。

　私は、○○さん達と一緒に食事をしている。小学生の時のようなマシンガントークだ。みんなそれぞれの夢に向かって頑張っている。でも今日は、子どもに戻って話をする。

　同窓会も大詰め。みんな現実に戻らないといけない。悲しくなったとき、「Ｍ－１しよ！」と誰かが言い出した。あのメンバー達がお笑いをやりだしたのだ。小学生の頃と面白さは変わらない。10年後の同窓会は、笑って幕を閉じた。

◇Ｃくん（家族が蓮を育てていた）

　こんにちは、お元気ですか。Ｃです。

　私は今、岩国ではすの仕事をしています。

　私の仕事はそこらへんのとはわけがちがって、そこらへんのはすより４、５倍はうまいと言われています。

　このはすは「幻のはす」と言われていて、１日に数本しか取れなくて、

味はもう肉みたいにうまくて、とても評判です。そして気になるお値段はというと、１本３万5700円です。でも、みなさんなら１本５千円にしてあげますよ。

　３月の同窓会が楽しみです。

◆「結婚の条件」作文
　ある子が「林先生、将来ぼくの披露宴に出てください！」と言ってきた。そこで「結婚の条件」作文を、授業で書かせた。子供たちは恥ずかしながら、楽しそうであった。
　完成した作文を読むたびに、大爆笑であった。
◇Ａさん
　ぼくが好きになるタイプは、１つ目、黒目が大きい。２つ目、性格がとてもよい。３つ目、くそ美人。この３つ、または３つ以上がそろっていれば、ぼくはその人を好きになっているだろう。
　でも、川棚小には、ぼくのタイプがいない。みなさん、ぼくの好きな人を決めてください。俺も、恋をして〜よ〜。
◇Ｂさん
　私の好きなタイプは（条件）は、こんな感じの人だ。
　まず、やさしいということだ。時にこわくても、やさしい人がいい。優しすぎる人もあまり好きではない。ふつうに、やさしい人が好きだ。
　条件として、もっと大切なことがある。それは、動物好きであるということだ。
　犬が大好きな人、つまり、責任感のある人がいいということだ。ペットや動物に、愛情を注いでくれる人がいい。
　最後に、こわがりじゃないことだ。私は、オバケや幽霊が苦手で、だから、守ってくれる人がいい。
　こんな感じの人が、私の好きなタイプだ。ぜったいにあてはまってほしいのが、動物好きということだ。こんな人がいたらいいと思う。
◇Ｃさん

まず、1つ目に、年が自分より下であること。
2つ目に、ぼくの生活リズムと合っている人であること。
3つ目に、しっかりした人であるということ。
4つ目に、やさしい人であること。
5つ目に、良い仕事をしていること。
これにあてはまった女性と結婚したいです。

　他にも「○才の私」(教師の年齢)、「痛快！　夏休み！」(夏休み前に書かせる)、「痛快！　修学旅行！」(修学旅行前に書かせる) と楽しい。

面白テーマ③パロディー作文

　有名な童話を少しだけ変えて書かせる。
　大爆笑の授業となる。
◇Aさん
　ある日のことでした。おじいさんがいつも通り、竹山に行き、竹を切っていました。すると、そこに光る竹がありました。「うわぁ!!」切ってみると、きれいな女の子がいました。
　おじいさんは、大事にその女の子を運びました。しかし、です。石につまずき、転んでしまいました。「わぁ！　どうしよう！」池に女の子を落としてしまったのです。
　「ブクブクブク……」。男性が現れました。
　「あなたが落とした女の子は、銀の女の子ですか？　それとも金の女の子ですか？」
　「普通の女の子です」
　「よろしい。あなたは正直ものだ！」
　おじいさんは、普通の女の子、銀の女の子、金の女の子を運んで帰りました。かぐや姫、銀かぐや姫、金かぐや姫と名付けました。

このようにモデルを教え、何度も書かせていく。
　イメージとして、教師が「書きなさい」と言えば、どの子も鉛筆が動いている感じである。
　5分でノート1ページ書いている感じである。
　そのことを子供たちにも話す。
　「5分で1ページ書ける子が、書く力があります」と。
　教師が持つイメージに、子供の学力は規定される。
　1年後には、どの子も、次のような文を書くようになる。
　『やまなし』の話者の分析文である。クラスのどの子もノート2ページ以上、多い子で20ページ以上書くようになる。

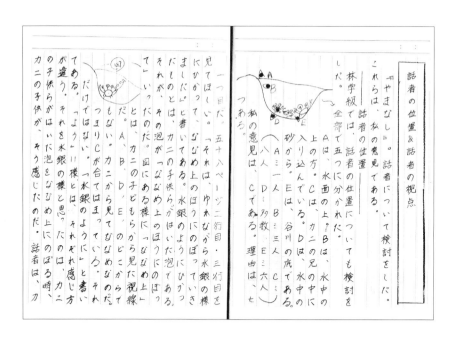

話者の位置は、ASEのどれだろうか。Cだ。つまり、二つだ。五十八ページの四行目・五行目を見てほしい。「ふうっと銀色のはらをひらめかして、一ぴきの魚が頭の上をすぎていった」と書いてある。「誰だ」とは言わない。A・見ているだけだと、話者はカニとした。そこから魚が頭の上をすぎていった。カニの兄のいる位置より上になるはずだ。違う。一方、話者は何かの物体と見ていた。頭の上になる・休んでいるのではなく、これら四つが見ている位置だけど、もし話者がカニとしたら、自分の頭の上をすぎていったのだから、カニの中にいる。

二の子供（二の兄）の中にいると分かった。それは、ASEのどれだったろうか。Cだ。つまり、置はCだ。A・B・D・Eに頭はない。つまり、話者の位置はCだ。どう考えても、これは絶対に違う。

三つ目だ。六十ページの六行目・七行目を見てほしい。「兄さんのかにが、はっきりとその青いものの先が、コンパスのように黒くとがっているのを見ました」と書いてある。例えば、私は三ツ矢ばしをただの先ズミに見える。豆腐が半平に黒くとがっているのに見える。それぞれ感じ方が違う。コンパスの様に黒くとがっているものを見るとき、カニの兄だ。それでコンパスの様に見えるものが見えていたら、名前を書くものだと思うのに、カニの兄だけが書いていない。他にも感じ方がある中で、それをコンパスを使わずに書いた」と思い、

という事は、話者はCの位置である。四つ目だ。六十八ページの四行目・五行目を見てほしい。「にわかに天じょうに白いあわが立つ、青光りのまるでぎらぎらする鉄砲だまのような、いきなり飛びこんできました。水には白いあわが立ってよどみ、天井に白いあわが立ち、すきとおる水晶のつぶが流れて行く」と書いてある。水面の上に立つとはっきり見えるからDとEではない。DとEは水面の下だ。Bは真っすぐ見ているからDとEにとびこんだとは言わない。すぐに「こんにちは」とびこんだ」と書く。だから、カニは邪まだ。だから、飛びこんだのが見えるがカニが分からない。見えない。つまり、DとEではない。A・B・D・Eではない。つまり、C話者の位置はCだ。

五つ目だ。話者の位置はAではない。五十九ページの二行目・三行目を見てほしい。「にわかにあたりがくらくなって、黄金のぶちがぼうっと水の中に降って来た」と書いてある。Aは水中ではない。ふってきたと見ている。A・水面の上から見ている。Aの場合、降り出したのを見ると言わない。そうするはずだ。しかもしA・水中なら水面から外だと言うはずだ。外から見ると、日光が黄金のように降る。光の外だけだ。それで水面から見てほしい。「その魚がまた上からもどって

I 学習困難児の「学力形成の関所」を越えるヒミツのカギ

3 算数テスト15点だった子が、100点を取る2つのカギ
「解き方スキル」「教具」

　Aさん。
　指導要録で算数の評定がずっと１であった。
　家庭訪問で、母親が言う。
　「算数が心配です」
　友達関係のことを私が話そうとすると、話をさえぎり、「いや林先生、友達関係よりも算数が心配なのです」と言う。
　そのAさんが、４月に次の文を書いていた。

　算数とか社会いお100点とたりしたい。

　Aさんは、２学期には「算数が好き」と言うようになった。
　テストも100点を取るようになった。保護者からもお礼の手紙がきた。どのように指導したのか。

> 　向山型算数である。

　教科書をリズム・テンポよく教えていく指導法である。
　具体的な指導法は『向山全集78 "教えないから分かる" 向山型算数』（明治図書）を読んでいただきたい。

　算数が苦手な子にとって、解き方のスキルを教えることが大事である。どうしてそのような計算になるのかという「しくみ」よりも、どのようにして解くのかという「スキル」が大事である。
　難教材であればあるほど、スキルは大事である。

◆3年算数「時間と長さ」 4マス君⇒平均98点

「時間と長さ」。大事な視点が2つある。

1つ目が「量感」。

「1gは、だいたいどのぐらいの重さか？」（1円玉の重さ）

「1kgは、だいたいどのぐらいの重さか？」（空のランドセルの重さ）

というように、だいたいどのぐらいなのかを、頭にイメージできることが大事である。

全国学力学習状況調査でも「量感」は出題されている。

もちろん、1kmがだいたいどのくらいの距離かも、話した。

「運動場を何周ぐらいだと思いますか？」

「だいたい7周です」

「え〜〜〜!! 長い!!!」

2つ目が、「変換」。

kmをmに、mをkmに変換する。

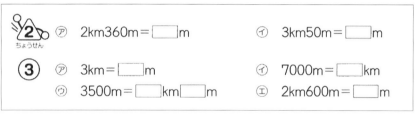

変換はとても難しい学習である。

3km50mのように、空位が出る問題は特に難しい。

その難しさ、その子供がつまずきそうなところを、スキルで乗り越えさせる。

単位変換の表というスキルを教えた。

子供たちは、4マス君と呼んでいた。

まず、4つのマスを書く。

次に、一番左にkm。

一番右にm。

あとは数字を書き込む。

1km300mならば、1300という数が並ぶ。すると1300mとなる。3km50m＝□mという難問も、クラス全員解けることができた。3050mと、間に「0」が入る。4マス君のおかげで、「0」を忘れることがなかった。

　しかし、次の日のページのほうがさらに難しい。1km500m－600m。という問題が出てくる。繰り下がりが出てくる。1回変換させようかと考えた。1km500m＝1500m。1500m－600m＝900m。というように。でも、しっくりこない。手順が多すぎるのである。

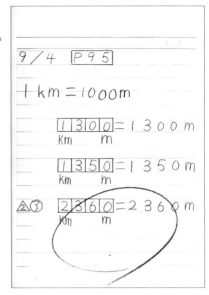

> 　算数が苦手な子は、手順を増やすと、余計に混乱する。シンプルな手順がよい。

　夏休み、同僚に聞いたり、研修会で模擬授業をしてみたり、いろいろと動く。それでも、しっくり来ない。
　そして当日。
　チャイムがなる30秒前に、ピンッ！と思いつく。
　これならできる！と思う。

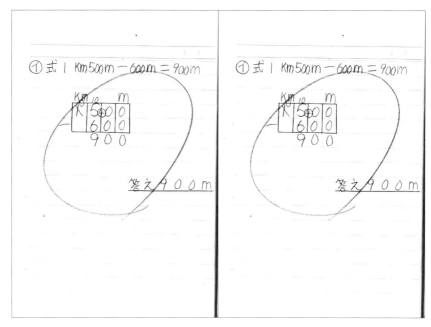

　昨日教えた「4マス君」を2階建てにした。

　すると、筆算のような形になる。

　1km500m－600mも、すぐに900mと出てくる。

　子供たちも「簡単！　簡単！」と言っていた。

　「9月の算数で、一番難しいところなんだよ」と言うと、「え～!!!」とびっくりしていた。

　スキルは、このように単元を貫くものがよい。

　毎時間毎時間、ほぼ同じスキルで教えていく。

　「やり方は昨日と同じ」というスキルが、よいスキルである。

◆6年算数「単位の換算」単位尺＆ノート⇒平均148点（150点満点）

　小学6年の最難関は「単位の換算」。

　例えば、こんな問題が出る。

　　①2.6a＝（　）㎡　　②7.8KL＝（　）㎥。

　難しい。

市販テストは平均148点であった。
　クラスで一番算数が苦手なA君は、150点満点を取った。テストを渡したとき、A君は「ふっ〜〜」と大きく深呼吸した。
　点数を見た瞬間、飛び上がって喜んでいた。次の日、親から手紙がきた。
　「満点のテストを、うれしそうに見せてくれました。先生、ありがとうございます」
　2つのポイントで、指導した。
　1つ目が、量感。
　「単位の換算」の単元では、「1kgはどのくらいの重さですか？」（空のランドセルくらいの重さです）、「1㎤はどのくらいのかさですか？」（小指の先くらいのかさです）といった量感である。
　なお、量感は、全国学力学習状況調査でも出題されている。

　約1kgの重さのものを、下の1から4までの中から1つ選んで、その番号を書きましょう。
　　1　空のランドセル1個の重さ
　　2　1円玉1枚の重さ
　　3　5段のとび箱全体の重さ
　　4　ハンカチ1枚の重さ
　　　　　　　〈平成20年度　全国学力・学習状況調査　算数A〉

　量感を身につけることはなかなか難しい。
　だからこそ、単位が出てきたときは、「どのくらいの重さですか？」「どのくらいの長さですか？」「どのくらいのかさですか？」と繰り返し発問する。もちろん、Kが1000倍といった記号の意味も話す。
　2つ目に、単位尺。

0	0	0	0	0	0	1	0	0	0	0	0

面積	km²		ha		a		m²			cm²	mm²
長さ			km				m		cm	mm	
液量			KL				L	dL		mL	
重さ			t				kg			g	mg
体積			m³							cm³	mm³

　単位表１枚、000010000と書かれた尺１枚を使う。なお、この単位尺は、数学教育協議会が作成した「単位換算器」をもとにしている。私は、「000010000」の「１」を、赤い太字に改良した。そうすることで、「１」に単位を合わせればよいことが、より意識できるからである。

◆（１）　単位尺の使い方◆

　例えば、【１km²は（　　　　）haです】という問題ならば、次のようにする。

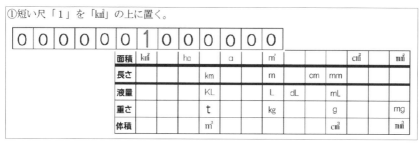

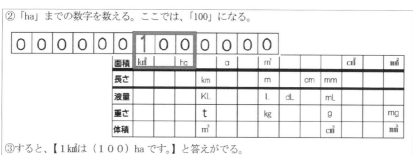

③すると、【１km²は（１００）haです。】と答えがでる。

【1kgは（　）tです】という問題。

10倍、100倍とかではなく、0.1倍、0.01倍など小さくなる問題。これも、単位尺でスラスラ解ける。

◆（2）　単位尺　3つの良さ◆

単位尺の良さは、3つ。

1つ目は、移動可能であること。尺なので、面積の単位、重さの単位などに、すぐに動かせる。

2つ目に、00000100000と書かれてあるところ。10倍でも、0.1倍でも対応できる。

3つ目は、1が書かれてあるところ。1に単位を合わせるだけで答えが出てくる。1は、赤色が良い。単位尺を子供たちに渡す前に、私が、ペンで色をつけた。

◆（3）　単位尺　保護者＆子どもの感想◆

保護者から単位尺についての手紙がきた。

> 子供達へ、とても良い教材をおろしていらっしゃり、子供もそれを使って、"これとっても良い、わかり易い！"と言っておりました。たくさんの子供達に使ってもらって苦手を楽しみに変えて欲しいですね。私も子供の頃に出合いたかったです

「子供達へとても良い教材をおろしていらっしゃり、子供もそれを使って、"これとっても良い、わかり易い！"と言っておりました。たくさんの子供達に使ってもらって苦手を楽しみに変えて欲しいですね。私も子供の頃に出合いたかったです」

子供たちの感想。

■Aさん　これは、分かりやすいし、「1」が簡単に合わせられるから、とってもとっても分かりやすいです。

■Bくん　林先生が、単位尺の使い方を、電子黒板を使って教えてくれました。おかげで、すぐに使えるようになりました。

1が赤いので、どこに合わせればいいか分かります。

◆（4）　単位尺の応用◆

6年生、最難関は「単位の換算」。

その単元の中でも、さらに一番難しいのは、2.6 a ＝（　）㎡、5.5 L ＝（　）㎤。1 ha ＝ 100 aという、「1」が基準ではない問題である。

手放しでさせれば、ごちゃごちゃになる。できない子が続出する。どうするか？

ノートの書かせ方を工夫する。

例えば、2.6 a ＝（　）㎡という問題。次のように、ノートに書かせる。

I　学習困難児の「学力形成の関所」を越えるヒミツのカギ

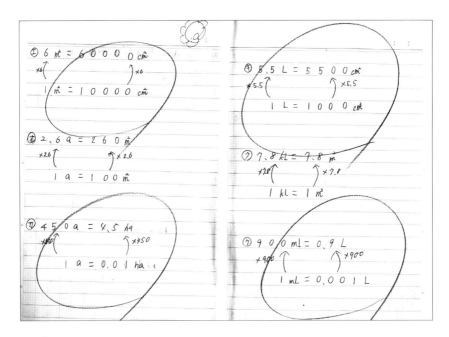

　ポイントは、2つ。
　1つ目が、1a＝100㎡を書かせること。
　ただし、2行空けて書かせる。
　詰めて書かせると、ごちゃごちゃする。
　計算間違いが増える。
　2つ目が、「a」の位置をそろえさせること。
　2.6aと1aを、そろえさせる。
　これで、何倍なのか、すぐに分かる。
　「単位尺」を使わせることも大事だ。
　1aが100㎡と覚えていない子はたくさんいる。「いつでも使っていいからね」と言う。
　テストのときでも、単位尺を使っていいよと言っている。
　向山洋一氏の実践「九九表」のように、いつでも使ってよい、テストでも使ってよいと話す。

4 ぐちゃぐちゃノートの子が、うっとりノートに変わる3つのカギ
「定規」「手本」「教師も一緒にまとめる」

　A君。

　昨年度まで、算数テストは良くて60点。

　悪いときは0点をとったという。

　そのA君のノート。

　「去年のノートです」と言って私に見せた。

　ノートは、ぐちゃぐちゃだった。

　何より、×ばかりの日にちがある。

　間違い直しもしていない。

　算数の時間、どんなにか不安だったろうかと、抱きしめたい気持ちになった。

　「よくがんばっていたんだね」と言うと、にっこりしていた。

　そして、5月には右上のノートに変化した。

　テストも100点が増える。

　ノートの美しさは、学力に直結する。

　基本は、下の4つ。

> ①定規で線を引く。
> ②問題と問題の間は、2行以上空ける。
> ③下敷きを敷く。
> ④教師が、毎時間ノートチェックをする。
> 　「3問目ができたらもっていらっしゃい」。○×だけでなく、定規で線を引いていなかったり、問題と問題の間を2行以上空けていなかったりすれば「やり直しです」と言う。もちろん、前もって「やり直しになりますよ」と宣言しておく。必ず、どの子のノートにも1時間に1回は、丸をつける。

　A君の場合、4つの原則に、あと2つ指導した。
　1つ目が、4月最初の授業、私が手本を用意した。
私のノートに、私がその日のノートを書いておく。
教師が手本を書いておくのである。
A君に見せる。
「今日は、こういう勉強するからね」
「うん、分かりました」
A君の机に横に、林が書いたノートを置いておく。
授業中、A君は、その林のノートを見ながら書いていた。
　2つ目が、とにもかくにも褒めることだ。
「A君のノートがきれいだなぁ」
「みんな見てごらんなさい。A君のノート、きれいだろう。みんなも、こんなきれいなノートにするといいぞ！」
　A君は、ノートをみんなに見せて、にこにこしていた。
　「ノートと言えば、A君」が、クラスの合言葉になる。合言葉になるぐらい、教師が子供の前でA君のノートを褒めた。

ノートは、他の学習にも転用できる

　ワークシートよりも、ノートのほうが良い。

　ワークシートは、枠によって、書くところが決められている。

　ノートと比べて、自分で工夫することができない。

　ワークシートはお手軽のようではあるが、「子供が自分で工夫してノートをまとめる」という力を奪っている。

　社会科、算数科でも、ノートまとめをよくさせている。

　向山式ノートまとめで、見開き2ページでまとめさせる。

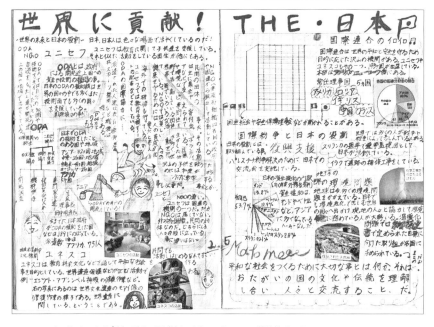

　ノートまとめが苦手な子供には、3つの指導をする。

---

①お手本を渡す（過去の林学級のノートを横に置く）。

②教師が一緒にまとめる（はさみで切ることが苦手だったので、切るのを手伝ったり、糊で貼るのを手伝ったりした）。

③「みんな、友達のノートを見に行ってごらんなさい」と上手な子のノートを見に行く時間を取る。教室を歩くことで、リフレッ

シュする時間にもなる。

学年末には、子供たちにテストづくりをさせている。
もちろん、ノートを使ったテストづくり。

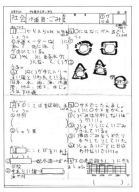  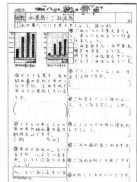

子供たちから「もっとしたい！」とアンコールがおきた。
子供たちには次のように指示した。

「４年の社会。教科書はすべて終わりました。あと、まとめのテストが１枚だけです。そこで、みんなにテスト勉強として、テストをつくってもらいます」

「ええええ!!」「すご〜〜〜い!!」

子供たちは、すごくうれしそうだった。
条件を３つつけた。

①範囲は、水、ごみとする。
②100点満点のテストとする
③見開き２ページで作成する。

あとは、向山式ノートまとめと同じ。
「合格か不合格」かで評定していく。
途中で、何名かの子のノートを全体に見せた。

「A君は、グラフを入れているでしょう。これは社会科のテストで大事です。絶対に必要なことです」
「B君、いつもと比べて字がきれいだねぇ。読めなくちゃ、テストにならないものねぇ」
B君が「いやぁ、いつもきれいじゃないですか！」と笑いながら言う。
一番良い問題だと取り上げたのは、Cさん。
「下の言葉を説明しましょう。①分別②しゅう集。これは知的だ！センスが良い」
テストづくりをさせて一番良いのは、子供たちが、何度も何度も教科書や資料集を見ることである。
これを「復習しなさい」という指示では、真剣に教科書や資料集を見ない。

2時間かけて、子供たちはノートが完成。

良いノート6人分は37枚全員分印刷した。他の子のノートは、5枚ずつ印刷した。

給食台にずらっと並べる。

「好きなテストを取りなさい」
「丸つけは、テストを作成した人にしてもらいます」

わいわいと楽しい時間になった。
テストの答えがあやしいと、討論になっている二人組もいた。
教科書と数値が違うという。
「これは教科書と数値が違う！　直したほうがいい」
「いや、ぼくは資料をもとに答えなさいって書いているよ。だからぼくが載せた資料をもとに答えを書かなくちゃいけないんだ。資料は教科書じゃない。ぼくのテストの資料だ」

一番多い子で、6枚もテストを解いた。

子供たちからもっとしたい、との声が出る。

社会学年まとめテストは、平均99.9点であった。

ほとんどの子が100点満点だった。

〈ちょっとUD情報〉

　子供を褒めることは、どの教科においても有効な指導法である。褒めることこそが、教師の一番の仕事である。

　褒められることで、子供は自尊心が高くなる。「自分はダメだ」と思わない。そして学力も高くなる。どうして、褒められると学力が高くなるのか？　脳科学で証明されている。

　『図解　脳に悪い7つの習慣』（林成之・幻冬舎）がおススメ。脳は、海馬に行く前に情報の「レッテル」を貼る。「楽しい」「面白くない」「悲しい」などのレッテルを貼る。楽しい、嬉しいというプラスのレッテルならば、脳は覚えようとする。

　逆に「面白くない」「楽しくない」というマイナスの情報を、脳は覚えようとしないのだ。好きなことはどんどん覚えられる、というのは、脳が「レッテル」を貼るからである。

　教師が子供をうんと褒める。「昨日より良くなった！」「がんばってるなぁ！」と褒め続けることが一番の指導である。

5 賞状を1回も取ったことがない子が、賞を取る人物画2つのカギ
「酒井式わくわく絵のれん習ちょう」「5つの構図」

A君の母親。

家庭訪問に行くと、涙を流していた。

「先生、我が子が描いた絵を初めて見ました。今までは飾られてなかったり、周りと比べてぐちゃぐちゃだったり。高学年になっても、絵が上手にならなくて。

正直、目をそむけていました」

人物画の下描きをしたとき、A君は初め、右の絵を描いた。

私が見ようとすると、「いやだ！ 見ないでください！ オレ、下手なんだ！」と、怒っていた。

1か月後、人物画が完成した。A君の作品は、コンクールで入賞した。「オレ、人生で初めて賞状をもらった！」と喜んでいた。

3つの指導をした。

①酒井式わくわく絵のれん習ちょう
②構図（中心人物を大きく、脇役を小さく）
③背景（いつなのか、どこなのかをはっきりさせる）

①酒井式わくわく絵のれん習ちょう
　顔の描き方、手の描き方、体の描き方、動いている人の体の描き方などの練習ができる。これで練習して、人物画を描かせると、一気に上手になる。

人物画の前、版画の前に練習させる。
②構図

中心人物をまず、描く。もちろん、中心人物を描くときも細分化する。中心人物の顔⇒体⇒手⇒腕⇒足⇒足首と進める。このステップも、『酒井式わくわく絵のれん習ちょう』で学習しているので、スムーズに進めることができる。

中心人物ができたら、脇役へ行く。ポイントは中心人物よりも小さく描くこと。絵のテーマがはっきりする。また、遠近感も生まれる。
③背景

背景は手を抜いてはいけない。絵の成否を左右する。ポイントは「いつ」「どこなのか」をはっきりさせることだ。運動場ならば、鉄棒や校舎を小さく描く。教室ならば、ランドセルや棚を小さく描く。なかなか描けない子には、写真で撮り、平面にした状態にする。もしくは、グーグルで「ランドセル　イラスト」もしくは「ランドセル　スケッチ」と検索し、プリントアウトする。「イラスト」「スケッチ」で検索することで、線がはっきりして、絵が苦手な子供も描きやすくなる。

読書感想画　成功する５つの構図

読書感想画も構図が大事である。成功する５つの構図がある。

---

①時系列の構図
②対比の構図
③一点集中の構図
④バラバラの構図
⑤１つだけの構図

小学４年生、２学期の実践である。

◆成功する構図①時系列の構図◆

　時系列を1枚の絵におさめる。

　一番描きたい場面を、1つまず描かせる。その後、その場面の過去、もしくは未来を描かせる。

　例えば、右の絵。

　耳なし芳一、落ち武者、平氏。そして前方のお墓を描いていた。

　A君は「これでできました！」と言ってきた。

　どうするか？　背景に、壇ノ浦の戦いを描かせた。そうすることで、戦い→平家が負ける→亡霊が芳一の琵琶を聞くという、ストーリーが1枚におさまる。

　Bさんは、犬と一緒にハロウィンパーティーに行く絵を描いてきた。手前にいる魔女1人と犬1匹。「これで終わりです」と言う。絵がスカスカだ。

　「歩いて行くの？」

　「はい、歩いて行きます。パーティーです」

　「じゃぁ、道を描こう」

　道を描かせる。そして、5分前、10分前の歩いている場面を描かせる。こうすることで、だんだんパーティー会場に近づいていることが分かる。

　1枚の絵に、時系列の構図を入れる。すると、ストーリーができる。

◆成功する構図②対比の構図◆

　対比する構図を入れる。

　戦争と平和。死と生。春と秋。

　C君の絵。

ごんぎつねが、鉄砲で撃たれる場面を描いてきた（一番下のごん）。

「これで終わり」と言う。

「生きている場面も描こう！」と指示した。

ごんがうなぎでいたずらをする場面。栗を集める場面。いわしを盗む場面。月夜の場面。

生きている場面を上に描かせた。

鉄砲で撃たれる場面は下に描かせた。

これで、生と死が対比された構図になる。

◆成功する構図③一点集中の構図◆

酒井式の構図である。

顕微鏡など、どの人物も一点を見ている構図にする。

Dさんの絵のように、給食を食べながら、みんな恐竜を見ている構図。Eさんの絵のように人魚も魚も、王子様を見ている構図。

ただし、注意がいる。

目の描かせ方だ。黒目の中にある小さな白目まで、一点に向かせるように描かせないといけない。ここがいい加減だと、一点集中にならない。一点集中は、目が命だ。

◆成功する構図④バラバラの構図◆

とにかく、描きたい場面をどんどん描かせていく。

スカスカな部分を、どんどん埋めさせていく感じだ。

Fさんの絵。猫が、アフリカに冒険に行く物語だ。どんどん動物を描かせた。

図鑑片手に、どんどん描かせた。

ここで、大事なことがある。バラバラだと絵もバラバラになりやすい。1つだけ糸でつなぐ。その1つが、円である。

真ん中の地球、動物、猫が円状になるようにしている。

そうすると、バラバラだけど、統一感も出る。

◆成功する構図⑤1つだけの構図◆

描きたい場面を、ど〜んと大きく描く。

ポイントは、ど〜んと大きくだ。

ここも注意が必要。

ど〜んと描かせると、背景がスカスカになりがちになる。

背景に、家だとか、山だとか、花火を、描かせる。

そうすると、遠近感のある、そして丁寧な絵になる。

この5つの構図は、前もって教師が決めておくのではない。

子供と相談しながら、教師が「こんな構図もあるよ」「他にもこのような構図もあるよ」と紹介しながら進めていく。

つまり、教師がたくさんの構図を知っておくことが大事だ。

映画のポスター、絵の展覧会、チラシなど、これはかっこいいなぁ、素敵だなぁという構図を、教師は常日頃から意識しておく。すると、街

を歩いていると「お！　すごい！」という構図と出会える。アンテナを常にはっておくことが大事だ。

なお色塗りなどについては『ドーンと入賞！"物語文の感想画"描き方指導の裏ワザ20』（河田孝文氏・学芸みらい社）を読んでいただきたい。

―〈ちょっとUD情報〉――――――――――――――――――

漢字が苦手な子供といっても、原因は様々である。

書くことが苦手な書字表出障害（ディスグラフィア）の子供の場合、「カラーマスノート」がおススメである。一般社団法人日本医療福祉教育コミュニケーション協会が作成したノート。

4つのマスに分かれている。その4マスは青、黄、ピンク、緑の4マス。色や形に関わる視覚認知なので、どこから書きはじめるのか、部首はどこに書くのかといったことがわかりやすい。

眼球運動が苦手な子供の場合は、ビジョントレーニングがおススメである。『学ぶことが大好きになるビジョントレーニング』（北出勝也氏・図書文化）にいくつものビジョントレーニングが載っている。私は、朝の読書時間にAさんと一緒に「先生と一緒にしようよ！」と言って練習していていた。

漢字指導では、石井勲の著書は必読である。石井勲が創り出した漢字指導は骨太で偉大である。詳しくは『漢字興国論』（日本教文社）を読んでいただきたい。「○の大安売りをする」とも書かれている。褒める指導は、学習が苦手な子供にとって、原理原則となる指導である。

II 「人間関係形成の困難」な子供
授業で「人間関係形成」をつくる

1 つり上がった「怒り」の目が「柔和」な目に変わる
ヒミツのカギ

　暴れる子、キレる子、物静かな子など人間関係形成が苦手な子供がいる。
　そんな子供に対して、学校において、キーパーソンは１人だ。

担任

　担任以外にいない。もちろん、同僚に助けを求めることはある。しかし、担任がさじを投げれば、その子が変化することはあり得ない。絶対にあり得ない。担任だからこそできる仕事である。

　Ａ君。すぐにキレる子であった。
　４月、他の子供たちが言う。男子も女子も言いに来る。
　「去年、Ａ君いけなかったですよ！　いきなり殴っていたんですよ、女子も！　私も殴られて、メガネが壊れました」
　「先生を殴ったこともあるんです！　泣いていましたよ、先生が」
　「学校で一番怖いＡ先生が叱っても、逆に言い返したんですよ」
　周りの子供たちは、Ａ君に対して「すぐにキレる」「暴れる」「近づかないほうがいい」という思いを抱いていた。
　私は、口々に言いに来る子に、静かに返した。
　「大丈夫だよ。大丈夫だよ」
　「先生は、みんなも、Ａ君も大好きだよ」
　「みんな、もし叩かれそうになったら、先生のそばにおいでね」
　周りの子は、ほっとした表情であった。

このような暴れる子供を担任したとき、原則は1つである。

担任が一番の仲間になる。

担任が仲間になる。
そして授業は、何が何でも褒めなくてはいけない。
この繰り返しだ。この積み重ねだ。
そうすれば、11月ごろには、A君とクラスの子供たちも関係が良好になる。

授業① 4月の出会いで褒める

出会いが、1年間を左右する。
4月、学級開き。A君は一番前の席にした。
隣には、A君とトラブルが少ない女子にした。
もちろん、左隣、後ろ、班も、トラブルが少ない子で固める。
前担任に、とにもかくにも聞いていく。情報は1つでも多いほうが良い。
「まぁ、何とかなるだろう」では、何とかならない。
春休みにいかに情報を集めるか、が勝負を分ける。
名前を一人ずつ呼んでいった。
「B君」（ハイッ！）
「Cさん」（ハイッ！）
いよいよ、A君だ。
「A君」（……）
黙っている。というよりかは、固まっている。
目は鋭い。お前は敵だ、というような目をしている。
「A君。いい姿勢だね。A君みたいな良い姿勢の子は、伸びていくよ」
A君が瞬間、にこっとした。これはいける。

「もう一度、名前呼ぶよ。Ａ君」（……ハイ……）
消え入りそうな小さな小さな声だった。
私はニコッとしてＡ君に微笑む。
Ａ君は、私から目をそらし、机を見る。
大事なことは、初日に何が何でも褒めることである。

授業②休み時間に次の準備を一緒にする

褒めることは、大きなことでなくていい。
算数で100点を取ったとか、大きなことでなくていい。
小さなことを、大きく褒めていく。
休み時間、Ａ君の机のそばにいく。
「算数ノートを出してごらんなさい」
Ａ君は黙って、ノートを出す。
「先生と一緒に日付を書こうか？」
Ａ君は、黙って、こくりとうなずく。
そして、一緒に日付を書いていった。
チャイムが鳴る。
「ノートに、日付、ページが書けた人、持っていらっしゃい」
Ａ君が一番に来る。
休み時間に書いている。その上、座っている席も私に一番近い。
「Ａ君、すごいなぁ!!　一番！　お母さんに褒めてもらいなさい」
Ａ君は「いえ〜〜い！」と声を出して喜んだ。
初めてＡ君が声を出して喜ぶ姿を見た。

授業③すべてに○をつける

Ａ君は、間違えると途端に、やる気を無くした。
机に突っ伏し、ノートを食べ始める。舐め始める。

算数の時間、「3問目ができたら、いらっしゃい」と言っても、A君は絶対に来ない。他の子は全員来るが、A君は来ない。
　間違えて、×をつけられるのが嫌なのだろうと予想した。
　私は、A君がノートに書いた1文字1文字を褒めていくことにした。
　例えば、「90÷3＝30」という計算。
　「9」と書いた瞬間、小さな声で褒める。
　「A君、そうだそうだ！」
　「0」と書いた瞬間、「そうそう！　いい調子」と褒めていく。
　仮に間違ったら、その瞬間に教える。
　「そこは、3だよ」もちろん、小さな声で教える。
　エラーレスラーニングは、キレやすい子にとって必須の指導法である。挫折を与えてはいけない。
　それまで、何度も叱られ、何度も自己否定の体験をしてきたのだ。成功の連続でよい。

> 授業④役目を与える

　授業の中で、A君に何かしらの役を与えたかった。
　クラスの中で、厄介者扱いを受けていたA君。だからこそ、A君がいないと、いけない場を作りたかった。
　当番は、日めくりカレンダー当番にした。
　毎朝学校に来て、日めくりカレンダーをめくるのだ。
　「君がいないと、1日が始まらないからな」
　「お！　A君、今日もカレンダーをめくってくれたなぁ。うれしいなぁ。良い1日になりそうだねぇ」
　朝から、A君を褒めることができた。
　算数では、「答え係」とした。
　答えは、彼が言うのである。
　例えば、文章題で答えが「30枚」だとする。

「90 ÷ 3 ＝ 30」
「答えと言えば、Ａ君!!」
(30枚です！)
「Ａ君と同じ人？」
　クラスすべての子が手をあげる。
　ここが大事だ。Ａ君に役割を与える。なおかつ、どの子もＡ君と同じ答えであると手をあげさせるのだ。
　Ａ君は、にこにこしていた。
　しばらくすると、他の子が言い始める。
「答えと言えば……」
(Ａ君!!)
　ときに、Ａ君が間違うこともある。
　30枚を、「30cm」と言ってしまったとする。
　そんなときは、どうするか？
　すぐに言い直しさせるのである。
「枚だよ」
(あっ！　30枚です……)
「Ａ君と同じ人？」
　ザッと手があがる。間違わせて恥ずかしいという体験を、Ａ君に積ませてはならない。
　特に４月は厳禁である。

授業⑤みんなの前で力強く褒める

　Ａ君は、７月になり、ノートを持ってくるようになった。
　黒板に代表で、計算を書くようにもなった。
　こういうときは、チャンスである。
「みんな、Ａ君の書いた計算を見て！」
「きれいだろう。字がすごく丁寧だ。みんなもＡ君のような字を書い

てほしいなぁ」
　ここがポイントである。
「みんなもＡ君のような〜〜してほしいなぁ」である。
　キレる、暴れん坊、嫌われ者、というレッテルが貼られたＡ君に対して、担任が「真似をしてほしい」と言うのである。
　瞬間、ある男子から声があがった。
「本当だぁ、きれいだぁ！」
「君は偉い！　人の良さを瞬時に褒められる子は伸びる！」
　すると、周りの子が口々に言う。
「本当だぁ、きれいだぁ！」

---

① Ａ君の小さな行動を、教師が大きく褒めていく。
② 続ける。
③ 他の子の前でも褒める。
④ Ａ君の行動を参考にするように言う。
⑤ Ａ君を褒めている他の子も褒める。

　11月になり、ある子が言いに来た。
「Ａ君がすごく優しくなった。この前も一緒に遊んだよ」
　時間はかかる。しかし、これが担任の仕事である。

〈ちょっとUD情報〉

　『板書する子どもたち　自主学習への過程』(豊富小学校著) という本がある。重松鷹泰の本である。1974年の本だ。子供が板書する指導を薦めている。また、向山洋一氏が教育実習のとき、1967年9月23日の日誌に、このように書いてある。「黒板をあまり使うと注入主義におちいりやすくなる―と保岡先生に注意された。ほんとうにそうだと思った」『向山洋一年齢別１巻』 P 115

遊びで「人間関係形成」をつくる
「人間関係形成の困難」な子供①

休み時間は、大事な「人間関係形成」の時間である。
大前提として、

> 授業の終了を守る。チャイムが鳴った瞬間に授業を終える。

ことが大事である。
　チャイムを守らない教師は、子供の「人間関係形成」の時間を奪っている。

　おススメの遊びが、3つある。

> ①缶けり
> ②ふれあい囲碁
> ③五色百人一首

◆缶けり◆
　缶けりは、「人間関係形成の困難」な子供が活躍する遊びである。ただし、条件が1つ。

> 必ず教師が、鬼をする。

　A君。ADHDの医師の診断を受けている。
　クラスの友達から「ちょっと変な子」として見られていた。
　缶けりで、教師がどんどん、子供たちを見つけていく。
　「太郎君、見っけ！」

太郎君を牢屋に入れる。
「花子さん、見っけ！」
花子さんを牢屋に入れる。
とにもかくにも、どんどん見つけていく。

> A君は、見つけたとしても、見つけていないふりをする。

あとは、A君一人となる。
ここからが教師の演出だ。
「さぁ、A君、どこかな？　君はもう捕まるのです」
捕まった子供たちが大声を出す。
「危ないぞ!!!　先生が来るぞ!!」
わざと、教師は、A君が隠れているところとは逆のところへ行く。
「わぁああ!!!」と声が響く。
A君が缶を蹴ったのだ。
「くそぉおお!!　A君、すごいや！　そこにいたのかぁ!!」
教師は、思いっきりくやしがる。
こうして、昼休みを終える。
大事なのは、もう1歩の詰めである。
5時間目の初め。
「A君、すごかったなぁ。先生、捕まえたかったのだけど」
「へへ！　先生、次も缶を蹴りますよ！」
「ところで、A君に助けられた人？」
クラス中の子供たちが手をあげる。
「A君、すごいなぁ」
他の子が言う。
「A君。ありがとう！」
「ありがとう！　A君！」
こうして、A君が活躍できる場、そして周りの子が感謝を言う場を、

意図的につくるのである。

◆ふれあい囲碁◆

　ふれあい囲碁も、「人間関係形成」が苦手な子供たちに有効な遊びである。
　安田泰敏九段が開発した囲碁である。
　NPO法人えじそんクラブのHPでもADHDの支援グッズとして掲載されている。
　教具の注文は「ふれあい囲碁ネットワーク」で検索し、HPからできる。
　「囲碁のルールを知らない」「難しそう」なんて思う必要は全くない。簡単なルールだ。すぐに決着もつく。

保育園児からお年寄りまで楽しめる。

　私は、クラスに20セット置いている。
　6年生、B君。
　家庭訪問のときに、母親が言う。
　「Bは、友達が一人もいないのです。1年生のときから、1回も友達と遊んだことがないのです」
　「え！　1回もですか？」
　「はい、1回もです。友達がいると、その人のペースに合わせないといけない、だから友達はいらないって言うのです」
　確かに、B君はいつも私のそばにいた。
　そして、休み時間のたびに、ふれあい囲碁をしていた。
　ある日のこと。
　いつものように、B君が言う。
　「先生、囲碁しよぉ！」
　その日は、忙しかった。

「ごめん。できないよぉ」
たまたま、私のそばに、C君がいた。
優しい、おっとりした子だ。チャンスだ。
「C君とやってごらんなさい」
ほぼ無理やり、C君とふれあい囲碁をさせた。
それから、１週間後。
B君は、私のそばにあまり来なくなった。
休み時間のたびに、C君とふれあい囲碁をするようになった。
１学期末の懇談会。
母親が嬉しそうに言う。
「初めて、Bが友達と遊んだんですよ。C君と。昼から遊ぶ約束だったのに、朝から家の玄関の前で待っているんです。もしかして、道に迷ったらいけないって。『大丈夫よ』っていくら言っても、外にいるんです。昼からC君が来たら、すぐに、ふれあい囲碁をやり始めました」
ふれあい囲碁は、子供と子供を結び付けてくれる。
そのような教具を、教室に常備しておくのも、教師の仕事である。

◆五色百人一首◆

向山洋一氏は、五色百人一首について書いている。
「クラスがまとまったのには原因があったのだ。負けを絶対に認めない子が、百人一首の時は負けを認めたのだ。（略）後に、椿原先生達が負けを認めるという観点から、徹底した研究をすることになる」（『教室ツーウェイ』No463、P38（明治図書））。
椿原正和氏は「100回で負けを受けいれるようになる」と主張した。林学級のＡ君（５年）も、椿原氏の主張どおり「100回」で負けを受け入れた。Ａ君は、校内１のキレる子であった。給食のおかわりジャンケンで負けても、キレる。
「なんでか!!　くそ！　あいつが後出しした!!」と泣き出す。
五色百人一首を続けることにした。

A君は、「負けを受け入れる」までに、4つのステップがあった。

ステップ①
　人や物に当たらなくなる。イライラは試合後も続いている。

　人や物に当たらなくなる。それは突然のことであった。
　前日までは、負けるとキレていた。11月27日に急に負けを受け入れるようになった。
　五色百人一首を、4月から続けて95回目。
　1日3試合だから、約300試合目。300試合目で、初めて、負けても泣かなかった。
　表情は、イライラしていた。
　しかし、そのままスッ〜と次の対戦相手に移動した。もう、びっくり！
　クラス、みんなに伝えた。
　おへそをこちらに向かせた。
「みんな、すごいぞ。A君負けたのに、泣いてないぞ」
「えぇええ!!!」
「怒ってもない」
「えぇええ!!!」
「大人だなぁ。大人のA君」「すげぇ!!!　大人だねぇ」
　それから、放課後までずっと「大人のA君」と呼んだ。イライラしていた表情はなくなり、ニコニコしていた。「ぼく、まだ子どもですよぉ」と喜んでいた。
　もちろん、今まで、①A君の近くにある札を読む②対戦途中で怒っていないときに「えらいね」と褒めるなどはしていた。しかし、それでも負けると、パニックになっていた。

> ステップ②
> 　試合中はイライラしている。
> 　しかし、試合後はイライラしていない。

　11月29日　負け越してもイライラしない。
　五色百人一首を、3試合今日もした。4月から始めて96回目。
　A君は、1勝2敗（○●●）。1試合目は、勝ち。上機嫌。
　2試合目は、負け。
　相手に3枚続けて取られても、怒っていなかった。
　「わ〜取れない！」と手をあげていた。
　この月曜日までは、「ずるい」「せこしてる」とわめいたが。
　試合終了後。「おれ、4枚‼」と対戦相手に見せる。
　これも、笑顔。みんなに、「今日もA君は大人だぞ」と紹介した。3試合目も、負け。
　序盤は、優勢だった。ほんの数秒差で取られた札も、「どうぞ」と言いゆずる。今までなら強引に取り返そうとしていたけど。しかし、段々、イライラし始める。負け始めたから。
　目つきが変わる。傍に行こうかな……と思ったけどやめた。
　昨日、負けを受け入れるようになった。信じてみようと思った。負けて試合終了。札を机に「パチン！」と投げた。イライラしていた。プイッとして、席を移動する。
　明日の対戦相手が、B君だった。先週木曜日。ぼくが出張のとき、大げんかした相手だ。
　A君がB君の手にかみつき、鼻を殴り、鼻血を出させた。
　「鼻血事件の恨みをはらすときがきたな。平和的な手段で、うらみがはらせるぞ」と、B君に声をかけた。
　4月には言えない冗談が、11月になり言えるようになった。A君もB君も笑っていた。

全員を席に座らせた後、A君と対戦した相手に聞いた。
「よかったでしょう。イライラしていないA君」
「はい、よかったです」
「試合していて、楽しいでしょう」
「はい、楽しいです」
　A君も、にこにこして聞いていた。
　山は越えた感じがする。
　何かを突破した感じがする。
　放課後、生徒指導主任から声をかけられた。
「A君、昨年より表情がよくなったねぇ。目が優しくなったかなぁ。今日廊下を走っていたから注意したら、『すみません』って言ったんよ。びっくりしたよ」
　こうした同僚がいてくださることが、ありがたい。
「ありがとうございます」と頭を下げた。
　また、けんかの回数も激減してきた。
　1週間に1回だけとなる。
　登下校中に、クラスメイトのB君とけんかになったという。それも、言葉だけのけんかだ。
　1回も殴ってないと言う。
「えらいなぁ」「はい、殴ると傷害罪になりますから」
　私が4月から教えたことを言っている。
　殴ると傷害罪。「死ね」と言うと侮辱罪。物を壊すと、器物破損罪。
　この3つだけを繰り返し教えた。
　11月末になり、ようやく定着してきた。

ステップ③
　試合中も、イライラしなくなる。しかし、笑顔ではない。

　3試合（●、●、〇）した。1勝2敗。

10月のＡ君なら怒っていただろう。
　少しイライラしていた。
　２連敗で挑んだ３試合目。
　ほぼ僅差の試合だった。
　途中で、ほぼ同時のタイミングで札を取る。「どうするか？？」と思っていると、Ａ君が「どうぞ」とゆずっていた。
　もらった対戦相手も「いいの？」とびっくりしていた。
　そして結果は、何とか勝ち。
　札をかたづけてると、すぐに私のところに来た。
「先生、くやしいよぉ」
「そうかぁそうか。今日もえらいなぁ。怒らないで。あのとき、Ｂ君に札ゆずったろう。えらいなぁ」
「違う！　先生くやしいのは、得意な札を取られたことがくやしいの」
　得意な札とは、Ａ君が最初に覚えた歌。
「あひみての　のちの心にくらぶれば」だ。
　五色百人一首105回目（４月から）。
　負けても、もう泣かない。怒らない。暴れない。おとなしい女子が、掃除時間に言っていた。
「Ａ君がやさしいから、びっくりした。札をゆずってくれたんです」と。
　泣き出しても、立ち直りが早くなってくる。
　12月11日の給食のこと。Ａ君が大好きなゼリーが出た。じゃんけんで負ける。「わぁ!!」と泣き出した。
　ここ１か月くらい泣いていないので、「お～久しぶりだぁ」と思う。
　４月のときは、日常的な場面だった。
　しかし、４月と違ったところが１つある。
　３分後には立ち直っていた。３分後には、泣きやんでいた。
　４月のＡ君だったら、考えられないことだ。
　給食時間が終わっても、泣いていた。昼休みの後半になり、ようやく

立ち直っていた。つまり、1時間はかかっていた。それが、3分で立ち直る。

ステップ④
　負けても、笑顔でいる。

　4月から108回目（12月17日）で、負けて握手をしていた。もう、びっくり。それも、8枚と9枚の僅差の負け。4月なら「ずるした！」と無理やり同点にしようとしただろう。
　「おれが先に取ったのに、無理やり取った‼」と叫ぶ場面が幾度もあった。
　今回は、「またやろうやぁ」と言って、握手をしていた。
　自分から手を差し出して。
　もちろん、私が、「試合後に握手しなさい」なんてことは、一言も言ったことがない。
　A君から学んだこと。負けを受け入れるには4つのステップがある。

ステップ①人や物に当たらなくなる。
　　　　　イライラは試合後も続いている。
ステップ②試合中はイライラしている。
　　　　　しかし、試合後はイライラしていない。
ステップ③試合中も、イライラしなくなる。
　　　　　しかし、笑顔ではない。
ステップ④負けても、笑顔でいる。

　100回を目指して、続けることが大事である。

3 保護者と一緒に「人間関係形成」をつくる
「人間関係形成の困難」な子供②

発達障害の子供の保護者。
担任として、次のことは大原則である。

> 発達障害は、保護者の養育のせいではない。

教師の「不勉強」が、保護者の心を傷つける。
いったん傷つけてしまうと、「一緒に」なんてことは、生まれない。

◆けがをさせたＡ君　保護者にどう電話する？◆

　キレやすいＡ君がいた。
　中休み、Ａ君が石を投げて、友達の額から血が出る。
　救急車を呼ぶことになった。
　血が出たからには、救急車で病院に行ったからには、電話をかけないといけない。
　けがした子の保護者にも、けがをさせた保護者にも電話をかけないといけない。
　ただ、Ａ君の保護者もキレやすい。
　前担任のとき、Ａ君が女子を蹴った。
　前担任が電話をすると、「悪いのはうちの子だけなんですか！」と責めてきたという。
　まずは、けがをしたほうの保護者に電話をする。
　けがをしたときの様子、救急車で病院に行ったこと、どこの病院に行ったのか、などを伝えた。幸い、けがは小さなもので、血もすぐに止まった。
　けがをさせたＡ君の保護者にも電話をする。

このときがポイントだ。

> 味方になるように伝える。

「けがをさせました！　謝ってください！」などという電話をかけてはいけない。
　まずは、けがをさせたこと、救急車で運ばれたこと、相手のけがは今は大丈夫なことを話した。
　最後が大事である。

> 「お母さんが、どなたかから聞かれて、『えっ、そんなことがあったの？』『学校から何も聞いていない！』と驚かれるといけないと思って、電話をしました」

　この一言が大事である。叱ってほしくて電話をしたのではない、あくまで味方として電話をしたのだ、という一言である。
　この一言で、Ａ君の保護者がすぐに「ありがとうございます。助かります」と返した。
　さらに「相手先の電話番号を教えていただけますか？」と言ってきた。
　その日、相手の家に行き、謝罪したという。
　校長も、前担任も「信じられない」と言っていた。
　たった一言が、保護者を味方にもするし、敵にもする。

◆保護者と担任の絆をつくる一筆箋＆通信◆
　子供が良いことをしたら、一筆箋に書く。
　通信に書く。描写しながら、子供の良いところを書いていく。
　例えば、Ｂ君。
　前年度、クラスを崩壊させた、やんちゃ君である。
　ある日、給食をこぼしたＣ君に優しくしていた。

通信に描写しながら、褒めていく。

昨日のことです。ある子が、給食をこぼしてしまいました。
クラスすべての「いか天」が床にこぼれました。
もちろん、わざとではありません。
C君は、ショックだったのでしょう。涙がぽろぽろこぼれています。
ここからが、嬉しいことでした。
B君が言います。
「あ！　給食室に行って、余りがないか聞いてきます！」
「そういえば、インフルエンザで休んでいる子がたくさんいるから、他のクラスに聞いてきます」
「ぼく、別にいか天いらないですよ」
「俺、落ちているのでも大丈夫だよ」
一斉に、C君に優しい言葉をかけます。
そして、行動します。
5分後。6年2組には、40枚以上のいか天が集まりました。
C君の涙も止まっていました。
素敵な場面でした。
いいクラスだなぁと思いました。また1つ、6年2組が好きになりました。

B君の親から、「通信を何度も読みました」「ありがとうございます」とお礼の手紙が来た。

◆個人懇談が最大のチャンス！　人間関係形成の助言◆

すぐにキレるA君。
個人懇談がチャンスだ。もちろん、それまでに、保護者と担任が信頼関係ができていることが大前提だ。
先ほどのような、トラブル時の一言、日頃の一筆箋＆通信で、「この

先生は敵ではない。味方だ」という関係になっておく。
「けんかの回数は1学期に比べ、減りました」
こういう事実は伝える。おべんちゃらを言ってはいけない。
「先生、やはり、けんかは、まだしますか？」
「私がそばにいないときは、やはり手が出てしまいますね」
「どうしたら、手が出なくなりますかね。何度も何度も手を出すなって言い聞かせてはいるのですが」
　A君の保護者に「スクールカウンセラーにつなげることもできること」を伝えた。いきなり医師につなげることは難しいと感じた場合、まずはスクールカウンセラーにつなげることが大事だ。担任が言いづらいことも、スクールカウンセラーなら言える。
　再度、書く。保護者に要望を伝える前に、担任と子供、担任と保護者の信頼関係が築けていることが大事である。

〈ちょっとUD情報〉

　和久田学氏（子どもの発達科学研究所）は算数LDの子供は「概念化」（様々な情報の軽重をつけること）が苦手であるという。
　例えば、「太郎君が1個100円の消しゴムを5個買いました。代金は何円でしょう」という問題がある。普通ならば「1個100円」「5個」「何円」に目がいく。しかし、算数LDの子供は「太郎君」「消しゴム」といった、算数の問題を解くのにあまり関係ない情報に目がいくのである。では、どう指導すればよいのか。
　①文章題を、まずは教師がゆっくり読む。大事な情報「1個100円」などは、強い声で読む。／②いきなり式は書かせない。「これは何のお話ですか？」と大事な情報を引き出していく。／③そして、立式させる。／3つのステップだ。

トラブルのときに「人間関係形成」をつくる
「人間関係形成の困難」な子供③

　学校１、キレて暴れるＡ君。
　中休み、友達とけんかして暴れた。
　友達とドッジボールをして、ボールが当たったという。
　「オレばっかり狙ってきた!!」と、追いかけている。
　私は急いで、運動場へ行く。別の教室へ移動させる。クールダウンさせる。
　Ａ君は、自宅のカギをポケットから取り出す。
　カギで、自分の太ももをかきむしる。
　私は、ゆっくりゆっくり、背中をなでる。
　その間、教室は生徒指導主任に任せた。
　５分後。Ａ君の身体の震えが、おさまってくる。
　カギの自傷行為も止めた。
　荒々しい息遣いもおさまってくる。

| ステップ①　心配する。 |

　この段階で、「なんでけんかをしたんだ！」「謝りにいこう！」などと言ってはならない。しこりがある。また、逆戻りとなる。
　心配するのだ。
　「Ａ君、どうした。何かあったのかい？　いつも良い子のＡ君だから、何かあったのかい？」
　泣きながら、Ａ君が言う。
　「猫の毛を食べた」
　「え？　食べたの？」
　「うん、朝、起きたら猫が布団に入ってきて、食べた」

「そうかぁ、だから、イライラしたんだよね。いつもだったら、怒らないのにね」

背中をゆっくりなでながら、「A君、良い子だもんなぁ」「先生、A君が好きだもの」と言う。

> ステップ②　選択させて、教室へ戻す。

A君の興奮が落ち着いてくる。
そろそろ教室へ戻したい。
ここで「教室へ戻る？」と言ってはならない。
「いやだ!!!!!!!　Bがおるから、いやだ!!!!」と、また興奮する。
1回、私はこれで失敗した。
言葉を変えた。
「先生と一緒に教室帰る？　それとも、一人で教室に帰る？」
「一人で帰ります」
前と後では、何が違ったのか？　選択である。
A君に選択させたのである。
選択は、子供に行動を促す。1章でも引用したが、林成之ドクターは言う。

> 自己報酬神経群は、「自分からやる」という主体性をもって、考えたり行動したりしないと機能しません。「先生に指示されたから」というような従順な態度では、物事が理解できても、「思考」が働かないのです。
> 　　　　『図解　脳に悪い7つの習慣』P 48（林成之氏・幻冬舎）

A君は、何もなかったかのように教室へ戻った。

> ステップ③　時間が経ってから、謝らせる。
> ステップ④　B君にも事前に打ち合わせをしておく。

　A君は、そのまま授業を受けた。3時間目は、算数のテストだった。4時間目も、普通に受けた。もう怒りは見えない。給食時間、A君が配膳していた。
　ふと思い出したかのように、A君に聞く。
「あ！　そういえば、A君、謝ったかい？　B君に」
「いや、まだです」
「ごめんなさいって言えるかい？」
「はい、言えます」
「えらいなぁ。ちょっと、先生と練習してみようか。『ごめんなさい』って」
「うん、ごめんなさい」
「上手だぁ。ちょっと待っていてね。B君にも話を聞いてくるからね」
　B君を、教室の外へ連れて行く。
「B君。A君が謝りたいって言っているけど、謝ったら、許してあげようね」
　B君は、ドッジボールをして、ボールを投げただけだ。
　それなのに、叩かれているのである。
　また、1年生のころから何度も乱暴されている。A君に対して積もり積もったものがある。
「はい、分かりました」
「えらいなぁ」
　この打ち合わせが大事だ。仮に、A君が「ごめんなさい」と言ったのに、B君が「許さない」と言ったとする。
　A君は、またキレる。「このやろう！」となる。
　何より「ごめんなさい」と言っても、許してもらえないという学習を

積むことになる。
　A君に「おいで！」と言い、廊下に呼ぶ。
「A君、言いたいことがあるんだよね」
「ごめんなさい」
「いいよ」
これで解決である。

ステップ⑤　「ごめんなさい」というスキルを強化する。

その後、A君だけ廊下に残す。
「A君、えらいねぇ。ちゃんと、ごめんなさいって言えたね」
「うん」
「ごめんなさいって言える子は、立派な子なんだよ」
褒めていく。次の日の朝も褒める。
「昨日、ごめんなさいって、言えたね。えらいよ」と。
褒めることでスキルを強化する。

〈ちょっとUD情報〉

　子供がキレて暴れたとき。大事なのは、担任が余裕を持つことだ。「大丈夫だ、大丈夫だ」と、にこにこして近づく。周りにいる子を遠ざけさせる。万が一、物を投げて怪我をさせてはいけないからだ。担任は興奮しない。『発達障害の基礎知識』（宮尾益知氏・河出書房新社）に「大きな声」は、子供はまた叱られると思って、「ビクビクする」のである。

　穏やかに優しい声で、声をかける。「大丈夫だよ」「先生A君の味方だよ」キレたときほど、教師は冷静になるようにする。

III 「勉強が苦手な子供」を位置づけた アクティブ・ラーニングの授業

アクティブ・ラーニングを支えるアイテムは黒板
発達障害の子に優しいのは何故か

アクティブ・ラーニングを支えるアイテムは黒板である。
黒板にずらりと、子供たちの意見が並ぶ。
黒板に子供たちが意見を書く。良いことが5つある。

> 1つ目。全員が授業に参加できることだ。

クラス全員が黒板に書くので、お客様にはならない。
「太郎君は、黒板に〜と書いているけど、〜じゃないでしょうか」と意見が検討されることになる。
数名の子供だけが活躍する討論ではなくなる。
アクティブ・ラーニングがより活気づく。

> 2つ目。言葉にこだわる子が育つことである。

子供が発言した意見を、教師がそのまま板書する場面を、私はあまり見たことがない。教師は、子供の意見を変え、板書する。一言一句同じように板書はしない。

子供たちが板書すれば、一言一句そのままとなる。
すると、子供たちは「1字」を検討するようになった。
国語科で「狂言」の説明文を要約した。
子供たちの要約は大きく分けて2つになった。

A　現代と少し事情の違うこともある狂言。
B　どの時代でも変わらない人の姿をえがく狂言。

どちらも、ある一文を根拠にしている。説明文の最後にある一文である。「狂言はいつの時代にも変わらない人間の姿をえがきますが、そのお話が生まれたことは、現代と少し事情のちがうこともあるのだということも、頭にいれていただきたいと思います」という一文である。

◆1文字の検討①「が」◆

「人間の姿をえがきますが」の「が」を検討していた。

「『が』が2つの言葉をつないでいます。『が』を辞書で調べると、「けれども」とありました。そこで、「けれども」を調べると、例文で「雨がふった。けれども、試合は続いた」とあります。これはどちらが、言いたいのですか？　試合が続いた、がいいのでしょう。だから、Aです」

◆1文字の検討②「も」◆

「そのお話が生まれたことは、現代と少し事情のちがうこともあるのだということも」と、「も」がある。

「『も』は、辞書によると付け加えです。「Aがある」「Bもある」となると、Bのほうが大事でしょう」

「いやいや、『も』は同じ物事をならべて表す、とありますよ。
ですから、どちらが大事とは言えません」

◆1文字の検討③「が」と「も」どちらが大事か◆

授業後、二人の女子が、討論していた。

Aの要約が正しいことは分かった。では、「が」と「も」どちらが、

一番の根拠となるのかという論争だった。
　45分の授業、そして休み時間も、わずか1文字を検討していた。
さらに、どの1文字が一番の根拠となるか検討していた。
教師が子供の発言を変更する板書では、生まれないドラマである。

> 　3つ目。クラスで一番勉強が苦手な子供が授業に参加できることである。

　早くノートに意見を書いた子から、板書する。
　5分でノート1ページ程度、高学年ならば書けるようになる。
　5分後「1ページ書いた子は、黒板に書きなさい」と指示する。
当然、なかなか鉛筆が進まない子もいる。
その子は、黒板の意見を写すのである。
自然な形で写せる。
自尊心を傷つけることなく、どんどんノートに意見を書ける。
　3学期には、自力でどんどん書けるようになっていく。
「写すのも大事なお勉強」なのだ。

> 　4つ目。発達障害の子供に優しい。

　身体を動かすと、脳はやる気になる。やる気のもと、側坐核が刺激されるからである。
　子供に板書させることは、子供が身体を動かすことにつながる。
①自分の席から黒板まで歩く。
②黒板に書く（手を動かす）。
③黒板から席に戻る。
④書いた意見を立って、発表する。
教師が板書すれば、①〜③はない。
圧倒的な運動量の差だ。

発達障害のお子さんにとって、運動のある授業は良い授業である。ドーパミンが分泌されるからだ。

> 5つ目。対話的な学びを支える。

　討論での板書。
　子供たちが、黒板の前に来る。
　友達の意見を見ながら、反論をしあったり、質問しあったりしている。
　対話的な学びを、黒板が支えているのである。

2 国語でアクティブ・ラーニング
「詩」「慣用句」「接続詞」をALで楽しく教えるカギ

◆実践例① 文章を討論で修正する◆

　4年国語の教科書に、「白鳥のやってきた空」という詩がある。
　まい下りてくるのは雪なのか、羽なのか、という内容だ。
　まずは、何度も何度も音読させた。
　音読は、国語の基本だ。
　子供たちがスラスラ読めるようになってから発問した。

> 　「2行目。『ふわりふわりとまい下りてくるのは』とあります。まい下りてきたのは、結局、何ですか」
> 　「教科書の空いたところに書きなさい」

　書けた子から、教科書を持ってくる。
　自信満々な表情だ。
　「小さな羽」と書いていた。私は、黙って、×をつける。
　「えええ!!」と声をあげた。次々と×が続く。
　「雪」と書いている子もいた。これも、私は黙って×をつける。
　それから5分以上、×が続く。
　教室は、熱気に包まれた。
　分かる授業も大事である。しかし、同時になかなか解けない授業も子供にとって大事である。立ち向かう授業も大事だ。立ち向かう授業は、熱中度が増す。
　「もう答えを言おうか？」と言うと、「やめて〜〜!!!」の大合唱。
　しばらく、×が続いた。
　A君、Bさん、C君、D君が「小さな羽ではないでしょうか」と書い

てきた。
「これはいい！　30点！」
Eさん、F君、G君が「雪ではない」と書いてきた。
「これもいい！　30点！」
勉強が苦手なH君が「なぞの未確認飛行物体」と書いてきた。
本人は「分からないから、適当に書いた」と。
私は真面目に言う。
「センスはよい！」
こうして熱中すること、10分近く。
I君が正解する。
「100点!!」
「やった～～～～～!!」
「え～～～～～!!!!」
教室には、喜びと驚きがこだましました。
この後、どんどん正解した。

正解した子は、右の写真のように飛び上がって喜んでいた。
子供たちに話した。

「正解は、分からないです」
「国語は文章を根拠にしなければなりません。まい下りてくるものは、何か分からないのです」

ここで終わっては、学力はつかない。もう1歩、突っ込ませる。

「まい下りてくるのが、どうして確実に分からないのですか」
「その1文字に、○をつけなさい」

35名全員正解した。
最後の「か」である。

> 「まい下りてくるものが、小さな羽だと分かるようにするには、文章をどうしたらいいですか」
> 「最後の１行を直しなさい」

　５つの意見が出た。
①小さな羽でしょう。
②小さな羽です。
③小さな羽。
④小さな羽である。
⑤小さな羽だ。
　黒板に５つの意見を書いた。
「どの意見が一番よいですか」と教師が聞く。
　すぐに、Ａ君が発言する。
「①の『でしょう』だと、まだ羽かどうか確定できない」
　①の意見を出した子も、「納得できました」と返した。
「リズムから言えば、③の小さな羽、だと何だかリズムがおかしくなるような気がします」
「そうだけど、今は、小さな羽だと分かるようにするにはどうしたらいいかということなので、リズムは別にいいじゃないですか？」
「いやいやそうだけど、変でしょう。小さな羽。で終わったら、変じゃないですか」
　子供たちは、どんどん発言していった。
　チャイムが鳴る３分前、討論を終わらせる。
　最後に、自分が書き換えた文で、もう一度、詩を音読する。
　そして最後に、最初のままの詩を、音読した。

◆実践例②　「手」は何通りの意味があるか討論で検討する◆

　慣用句の授業である。
　時間があったので、突っ込んで授業した。
　向山洋一氏の「かける」実践のトレースである。
「手の慣用句はたくさんあります。例えば、手を切る」
　ノートに①手を切ると書かせる。
「他に何がありますか？」
　A君がすぐに手をあげた。
（猫の手も借りたい）
「すごいねぇ！　よく知ってる。ノートに②猫の手も借りたい、と書きなさい」
　この後、箇条書きで書かせる。
　みんな、楽しそうに書いていた。
　10個書けた子から、黒板に書かせる。
　Bさんが、一番先に持ってきた。黒板にずらりと「手」が並ぶ。

1	手を切る	2	猫の手を借りたい
3	手当たり次第	4	手料理
5	手をのばす	6	手にのる
7	手を加える	8	手を引く
9	手も足もでない	10	手がふさがる
11	足手まとい	12	手がかかる
13	手を焼く	14	手を替え品を替える
15	手を貸す	16	手直し
17	手をつくす	18	手がはやい
19	手をうつ	20	手をぬく
21	手がこむ	22	手をたたく
23	手がはなせない	24	手があく
25	手を回す	26	手編み

27	手にあまる	28	手がない
29	手ごたえ	30	手をくだす
31	手塩にかける	32	女性の手による手紙
33	習字の手がいい	34	手にあまる
35	手に汗をにぎる	36	手がとどく
37	手がつけようがない	38	手を休める
39	手をいれる	40	手にする
41	手がつけられない		

> 「この手を、いくつかの仲間に分けます」
> 「２つ３つの仲間に分けなさい」

班で相談させた。
一番多かったが、A本当の手　Bたとえの手、という分類であった。
ある班は、助詞に目をつけていた。
　A　手の後に「に」がつく
　B　手の後に「を」がつく。
発表すると、他の班から「本当だ！」「すごい！」と声があがった。
次の日、「手」の分析を書かせた。
どの子もノート２ページ以上書いた。

①例を集める
②いくつに分類できるか、仲間と相談する
③討論する
④意見文にまとめる

この４つのステップはいかなる学習にも通じることである。
つまり「手」という学習内容だけでなく、学習方法を身につけることになる授業である。

「手」を分析する

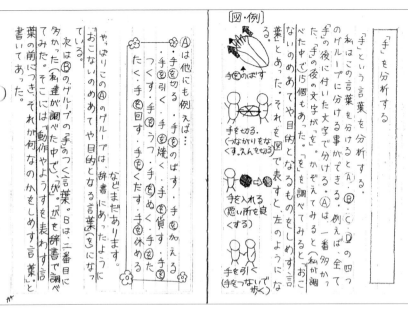

[図・例]

「手」という言葉を分析する。
私はこの言葉を分けると、Ⓐ・Ⓑ・Ⓒ・Ⓓ の四つのグループに分ける事ができる。例えば、全て「手」の後に付いた文字で分ける。「を」、「手」の後の文字が、「を」。かぞえてみると(私が調べた)中で15個もあった。「を」を調べてみると、おこないのめあてや目的となるものをしめす言葉とあった。それを図で表すと、左のようになる。

Ⓐは他にも例えば…
・手をのばす・手をかえる
・手を引く・手を貸す・手を加える
・つくす・手を焼く・手をぬく・手をたたく・手を回す・手をうつ・手をくだす・手を休める
などまだあります。

Ⓐのグループは、辞書にあったようにおこないのめあてや目的となる言葉(を)になっている。

次はⒷのグループの「手のつく言葉」を(私達が調べた中で)、「が」、「が」を辞書で調べてみた。(そこには「動作やようすを表す言葉の前について、それが何なのかをしめす言葉」と書いてあった。

その言葉、(「が」)が使われている文をいくつかしょうかいする。

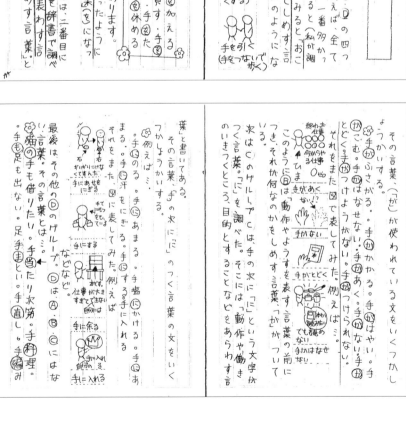

手がふさがる。手がかかる。手がはやい。手がとどく。手がつけようがない。手がつけられない。
それをまた図で表してみた。例えばミ。

このようにⒷは、手の次に「が」という文字がつき、それが何なのかをしめす言葉「が」がついている。

次はⒸのグループでは、手の次に「に」のつく言葉の文をいくつかしょうかいする。

その言葉。その言葉、「手の次に「に」のつく言葉の文をいくつかしょうかいする。

例えばミ。手にのる。手にあまる。手にあせをにぎる。手にあせにぎる。手に汗をにぎる。手にする。手に入れる。
それをまた図に表してみた。などなど。Ⓓは、Ⓐ・Ⓑ・Ⓒにはない言葉。その他の言葉とは…

最後はその他のⒹのグループ。
・猫の手も借りたい。手つだい。足手まとい。手も足も出ない。手当たり次第。手直し。手編み。手料理。

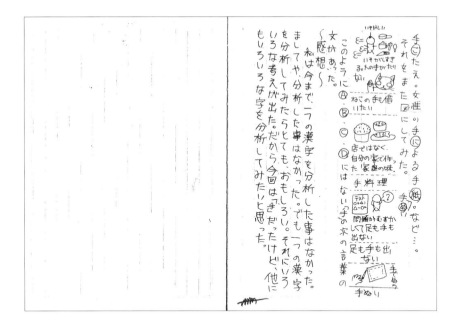

◆実践例③　接続詞を楽しく検討する◆

黒板に次の文を書いた。

　A君はやさしい。（　　）、かっこいい。

A君は、勉強が苦手で、クラスで一番のやんちゃ君である。
にこにこ喜んでいた。

「2つの文がつながる言葉を、かっこに書きます」

ノートに書いた子から、黒板に書かせた。
　　・それに　　・あと　　・しかも　　・さらに
　　・そして　　・かなり　・し

子供たちから「おかしい意見がある」と討論になった。
「し」である。
「しは、おかしいです。A君はやさしい。し、かっこいい。おかしくないでしょうか」
「だから、A君はやさしいし、かっこいいならいいんですよ」
　子供たち同士で代案を示していた。

> 「このような言葉を何と言いますか？」

　子供たちは国語の教科書から探した。
「接続詞です!!」
　教科書から探していることを、うんと褒めた。
「接続詞とはどんな働きをしますか？」
　これも教科書に載っている。
「文と文をつなぎ、関係をはっきりさせる働きをします」
　何度も書くが、教科書から情報を捜す子に育てなくてはいけない。いつも、手取り足取り「ここに書いているよ」などと説明してはいけない。
　自分で教科書から情報を見つけ出すのも、大事な学習方法である。

> 「接続詞を使って、文を書きなさい」

　1つ書けた子から、ノートを持ってこさせる。
「いいなぁ」とうんと褒める。
　秀逸なものは、黒板に書かせた。
　子供たちは、爆笑の連続だった。
　Aさんが「Aさんは足が速い。それに、頭もいい」と書いてくる。
「賛成!!」
「え〜〜!!」と大爆笑であった。
　他にも、次の文ができた。

- 真実は1つ。だが、2つのときもある。
- Bさんと仲が良い。でも、けんかもする。
- 弟はけちだ。また、おこりっぽい。
- まつたけはおいしいのは分かっている。しかし、食べたことがない。
- 林先生はかっこいい。そして、かわいい。

　私は、「まつたけ」の例文を、第一席とした。
　休み時間になっても、子供たちは熱中して例文を書いていた。

〈ちょっとUD情報〉

　討論の授業で、発達障害の子供が白熱し過ぎるときもある。
　「お前違うじゃろう!!　その意見はおかしい!!」などと、言葉遣いが荒くなるのだ。
　こういうときには、指導が必要である。ただし、問題行動を叱る。人格を叱ってはならない。『お母さんができる発達障害の子どもの対応策』(宮尾益知氏・河出書房新社)に「人格を叱らず、問題行動を叱ろう」とある。大事な視点だ。
　「A君、討論は上品にします。お前ではなく、あなた、です」
　必ず具体的に代案を示す。
　この一言で、言葉遣いが丁寧になる。
　「世界中のみんなが同じ意見だったら気持ち悪いでしょう。Aだと思う、Bだと思う、Cだと思う、いろんな意見があるから、人類は発展してきたのです。ですから、授業もいろんな意見が出るからいいのです」という趣意説明は大事である。
　一人で延々と話す子もいる。休み時間に呼ぶ。「A君討論が上手だよね。次はプロを目指そうよ。自分ばかりじゃなくて、他に発表したそうな友達にゆずるんだ。『太郎君の意見が聞きたいです』ってね」教師は、子供を褒めて、そして具体的な代案を出すことが大事である。

3 算数でアクティブ・ラーニング
「答えを確定」「ノート」「黒板」「評定」「隣」5つのカギ

1 アクティブ・ラーニングを支える5つのカギ

算数のアクティブ・ラーニングは、「説明」問題が最適だ。

式と答えだけではなく、図、数、式、表、グラフなどを活用して説明する問題である。

「説明力」は、4月から実践していく。

1回や2回では、説明力はつかない。場数を積ませる。

例えば、「つばささんの言っていることは正しいですか。正しい、正しくないかのどちらかで答えましょう。また、そのわけを、言葉や式を使って説明しましょう」という問題がある（6年「啓林館」）。

クラスの一部の子だけが活躍する授業をしてはならない。全員の原則は、「説明」問題でも通じる。全員を巻きこむためのポイントは5つある。

---
①答えを確定させる

「正しいですか、正しくないですか。お隣と相談」

数秒後、手をあげさせ確認する。私の学級では、1名が正しくない、34名が正しい、だった。「では、意見をどうぞ」意見が続く。林学級では、数分後には、「やっぱり正しい」と1人の子が納得した。

ここに時間は書けない。大事なのは、説明させるほうだ。

45分間の授業、どこを軸とするのかは明確にする。

理由の説明でも、方法の説明でも、答えを確定させてから、説明を書かせる。

②ノートに書かせる

「理由を、班で話し合ってみましょう」としてはならない。算数が苦手な子は、班の中で何もしない。ぼっ〜としている。活躍するのは、算数が得意な子だけだ。

ぼっ〜とさせないために、どうするか？　自分のノートに書かせるのだ。途中、「まだ１文字も書いていない人は立ってもらおうかな」と言う。

授業には、多少の緊張感が必要だ。「こういうときに、何か書くことが大事なのだ。一番いけないのは、何にも書かないこと」と趣意説明もする。

書けた子から、ノートを持ってこさせる。

③黒板に書かせる

黒板に理由を書かせる。早く書けた子からのときもあるし、教師が選んで書かせるときもある。

いずれにせよ、必ず黒板に書かせる。

黒板をもとに、クラスみんなで話し合いをさせるからである。

アクティブ・ラーニングさせるための土台となる。

なかなか鉛筆が進まない子もいるだろう。

「黒板を参考にしてもいいですよ」と言う。

どの子のノートにも、教師が丸をつける。

④黒板で評定する

◇基本編◇

黒板に理由を書かせる。

教室前の黒板に８人、教室後ろの黒板に２人、合計10人の理由が並

ぶ。説明させるときは、必ず指示棒を持たせる。
　指示棒があるだけで、説明がしやすくなる。「ここをかけたので」と言うとき、「ここ」を指せばいい。
　図や表を指せばいい。発表が終わる。私が点数をつける。
「5点」「6点」「10点」。子供たちから「おおお！」と歓声があがる。
「今のを参考にして、もう一度、説明を書きなさい」
　子供たちの説明は、ぐ〜んと飛躍する。
　向山式要約指導と同じである。
◇応用編◇
　1学期末には討論させていく。
　黒板に書いた10名の子どもが説明する前に、教師がひとこと言う。
「あとで、誰の説明がよいとか、こうしたらより良くなるとか、発表してもらいます」
　10名の発表が終わる。
「では、どうぞ」と教師が言う。指名なしで意見や感想が続く。「次郎君の説明の中に、いきなり9が出てきます。代案として、Cの資料は9つの地方があるから、9。と説明を入れたほうがいいです」「太郎君の説明がいいです。なぜなら式があるからです」「その意見に反対です。問題文には、式や言葉とあります。式と言葉ではありません」
　指名なし討論を毎日している学級なら、発表はどんどん続く。5〜10分ぐらいしたら、途中でも打ち切る。
　討論させることが、授業の目的ではない。
　討論させることで、よりよい説明にさせることが目的である。

> ⑤隣同士で説明させる

　最後に、「隣同士で説明、言い合いっこしなさい」と言う。
　例えば、黒板の前で説明したのは、10人。
　残り21人は説明していない。説明力をつけるには、説明した「数」

を増やすことが必要だ。「隣同士」は時間をかけず、数を増やせる。

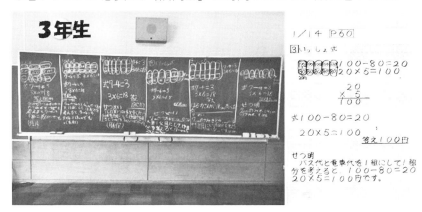

2　説明がなかなか書けない子供　写すことを続けていくのがカギ

　子供にとって、説明を書くことは難しい。

　大人でも難しい。

　少しでも子供が説明する文を書こうとしていたら「上手だよ」「説明がうまいね」と褒め続けることが一番のポイントだ。

　ただ、全国学力・学習状況調査の説明は、すべて自分で説明を書かせる問題はあまりない。以下の３つのような書かせ方が多い。

説明問題　3つの書き方

---

①トレース型
　（例）【よし子さんの説明】をもとに、面積が4㎠小さくなることを説明すると、どのようになりますか。下の㋤㋪㋕に入る説明を、言葉と式を使って書きましょう。
②選択型
　（例）その数を選んだわけを、2人の考えのどちらか一方をもとにして、言葉と数や式を使って書きましょう。
③続き型
　（例）はるおさんの説明に続くように、1辺が9㎝の正方形を24個かくことができるわけを言葉や式を使って書きましょう。

　全部説明を書かせる問題だけでなく、トレースしたり、選択したり、続きを書かせたりと、ある程度の補助がある。
　日頃の授業でも、①トレース型、②選択型、③続き型で説明を書かせていく。
　対応は、型を写すことだ。

対応　教科書の説明の型を写す
　　　→練習問題は手放しで説明させる

「写す⇒できる」実践①　6年「小数や分数の計算のまとめ」
　問題文を教師が読む。
　「次の小数や分数の計算について、四角にあてはまる数を書きましょう」

そのあとで、子供たちにも、読ませた。
「四角に数字を書きこみなさい」
教科書には、

---
⑦　5.4 ＋ 3.2
　　0.1が何個あるかを考えると、
　　0.1が（□＋□）個で、□です。

と、ある。教師は説明しない。説明すればするほど、子供は混乱する。

数秒後、指名した。教師は、電子黒板に答えを書いた。

「みんなで読みます」

もう一度、読ませる。

「ノートに写しなさい」

子供たちのノートは、右のようになった。

同じようにして、次の問題へ進む。

同じようにして説明を書かせる。

「先ほどのように説明を書きなさい」と指示する。

子供たちは、食い入るようにして、先の説明を読み直し、まねをして書いている。

このように教科書の型をまねして、説明を書かせる体験を意図的に積ませていく。

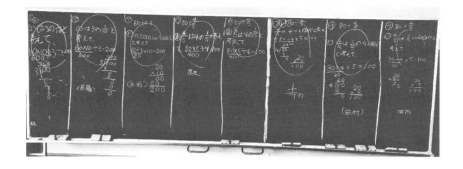

「写す⇒できる」実践②　6年「比例と反比例」

　反比例。
　教科書には、「縦の長さと横の長さの関係を、表を見てくわしく調べましょう」とある。
　男の子の説明と、女の子の説明がある。
　教師は一切説明しない。

> 「そこに書いてあることを、見開き2ページにまとめなさい」

　鉛筆の音だけが聞こえる、集中した空間であった。
　しばらくして、子供たちに指示する。「周りの友達のノートを見に歩いてもいいですよ」
　この指示は2つの意味がある。
　1つ目は上手な子供のノートを参考にさせるため。
　2つ目は運動である。発達障害の子供はじっ〜としているのが苦手である。ドーパミンが分泌されるよう、運動のある授業がよい。3分程度したら、また全員席につかせる。
　30分後にできたノートは、次である。

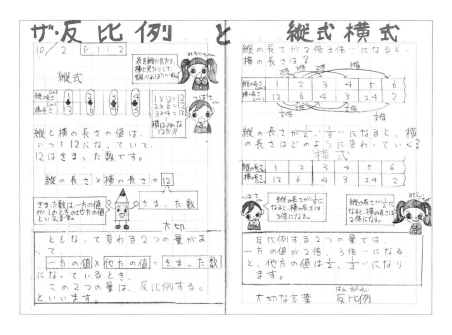

練習問題でも、同じようにする。

「男の子のやり方、女の子のやり方、どちらでもいいですから、反比例かどうか調べなさい」

全国学力・学習状況調査のように選択させるのである。

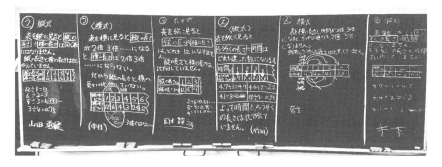

「写す⇒できる」実践③　6年「分数のかけ算」

ときに、「写しなさい」だけでは、説明が足りなかったり、意味が分かりにくかったりする文が教科書にある。

教科書の説明に、教師が修正を加える。

　例えば、右の説明。

　一文が長い。

　達意の文にするためには、一文が短いほうがいい。

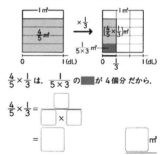

　一文が長いので、「だから」の前で切るようにした。

　「～4個分。だから、～」と説明を書かせた。

　「説明は短い一文のほうがいいんだよ。相手が分かりやすくなるからね」と趣意説明もする。

　次の問題では「同じようにして説明を書きなさい」と指示した。

「写す⇒できる」実践④　5年「式の表わし方と読み方」

　いきなり「写しなさい」だけでなく、最初に隣同士で説明を言い合いさせるときもある。

　隣同士で言い合いさせることで、視覚と聴覚の両方から説明の型が入る。

　「右のように、おか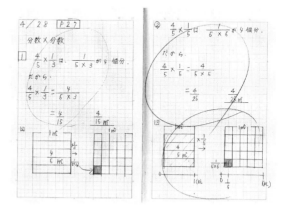しが箱にはいっています。みらいさんは個数を求める式を4×5と考えました」

> 「みらいさんの考え方を、隣同士で説明しなさい」

　子供たちは、すぐにお互いに言い始めた。これは、すぐに言える。
なぜか？　教科書に説明の型が書いてあるからだ。
　指名する。
　算数が一番苦手なＡ君に指名した。
　隣同士で説明し合っているときに、正解の説明を言っていたからだ。
　（おかしを４個を１組としてまとめると、５組できます。だから、式は、４×５となります）
　「その通り！　Ａ君、説明が上手だなぁ!!」
　説明を苦手という子が多い。だからこそ、授業で意図的に「説明が上手だ」「１学期より上手になったよ」と１年間褒め続けることが大事だ。
　そのあと、ノートに説明を写させる。
　そして、練習問題は「同じように説明しなさい」と指示した。

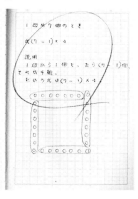

社会でアクティブ・ラーニング
中学年でおススメ「教科書」と「子供たちが住んでいる地域」を結ぶカギ

　社会科、高学年の実践にアクティブ・ラーニングの実践が数多くある。「戦国時代を代表する武将は誰か」「貴族と武士、どちらが得か」「ガソリン車と電気車、買うならどちらか」などなど。高学年の実践例に比べ、中学年のアクティブ・ラーニングの実践は少ない。

　しかし、中学年でも討論を軸としたアクティブ・ラーニングは実践できる。

◆実践例①　4年「地震」◆
①教科書の情報に○をつける→ノートに書く

　4年生社会科の教科書（東京書籍）。「地震」の学習では、静岡県の小学校が載っている。

　「1回読んだら座りなさい」と音読させた後で、次の指示をした。

> 「静岡県の小学校。学校でそなえているものに、○をつけなさい」

　子供たちは、教科書を見ながら○をつけていった。

　途中で「○は4つあります」と、教師が話す。

　4つある、と私が言うと、子供たちはより集中したようであった。

　「え？　あとどこだろう？」と言う子や「よかったぁ！」と言う子がいた。指名した。

　「ヘルメット」「緊急の食料」「防災倉庫と看板」「テントにできるブランコ」の4つ。「3年間ももつ食料」に○をつけた子も正解であることを付け加えた。

　そして、○をつけた箇所を、ノートに書き写させた。書き写すことで、学習内容をより定着させるためである。

次に、2つの話をした。
　1つ目が、「教科書の静岡の学校は、いつ地震が起きてもおかしくない」こと。
　2つ目が、みんなが住んでいる下関にも菊川断層があること。8000年前〜2000年前に地震があった可能性があり、これもいつ地震が起こるか分からないこと。

②**自分たちが住んでいる町と比べる**
　そして、子供たちに発問した。

> 「静岡の小学校のように、小月小でも地震用のヘルメットはありますか？」

　小月小とは、私の勤務校である。子供たちは、口々に「ないです！ないです！」と言う。黒板に書いた「ヘルメット」に×と教師がつけた。同じように、「防災倉庫と看板」「テントにできるブランコ」を聞いた。
　子供たちから「見たことがない！」「絶対にない！」の声があがる。

> 「では、静岡の小学校のように緊急の食料はありますか？」

　これは意見が割れた。
　「ある」が32名。「ない」が5名。
　討論になる。
　子供たちから次の意見が出た。
　「小月小は、体育館が避難場所になっているでしょう。だから非常食はあるはずです」
　「では、どこにあるのですか？　私、見たことありません！」
　「それはすぐに見つかるといけないから、見つからない場所です。見つけたら、1年生が食べちゃうでしょう」

「ぼくは、給食室にあると思います」
「私は、家庭科室にあると思います」
15分以上、話し合いは盛り上がった。

③調べる「方法」を確認する
チャイムが鳴る2分前に、討論を終了させる。

> 「緊急の食料があるのかどうか、どのように調べたら、分かりまか？」

子供たちが一番に言ったのは「校長先生に聞きます！」だった。
休み時間。
チャイムが鳴るや否や、子供たちは一斉に教室を飛び出した。
しかし、校長は出張。
次に教頭に行く。しかし！ 会議中で聞くことができない。
子供たちは考えた。
長い間、小月小にいる先生なら知っているはずだ、と。
小月小に7年いるA先生へ行く。別の子は、非常食は健康と関係がありそうだと、養護のB先生へ行く。
次の授業。子供たちは「小月小にないみたいだ」と結論づけていた。
聞いてきたことを褒めた。
「えらいよ、すぐに行動するところがえらい！」

④非常食はどこにあるのか調べさせる
ある男子が言う。
「じゃぁ、先生。小月に地震が起きたら危ないよね。僕たちの食べ物ないよ！」
「そうだよねぇ。困ったねぇ。みんな、食べ物なくて、困るなぁ」
「小月小以外のどこかにあるはずだよ！」

子供のこの発言を取り上げた。

> 「○○君は、非常食は小月小以外のどこかにある、と言っています」
> 「どこにありそうですか？」

ある女子が、次の日の朝、私に紙を持ってきた。
「先生、小月小にはないけど、小月公民館にあるそうです。パンとか水とかがあるそうです。公民館の人に聞いてきました」
女子を褒め、保護者にも一筆箋を書いた。通信でも紹介した。

⑤ **発問の優れたところ３つ**
　１）市販テストの点数　　２）地域差　　３）他の単元でも有効

「○○小学校でも〜はありますか？」「下関市でも〜はありますか？」「山口県でも〜はありますか？」の発問は、３つの点で優れている。

１つ目が、市販テストの点数が95点以上になる点。地域の学習だけをすると、市販テストでは点数が悪くなりやすい。日頃の学習で下関の地震の内容を教えていても、市販テストでは静岡の地震の内容が出題されるからだ。教科書の学習内容を１回押さえたうえで、地域の学習へ行くので市販テストもよい点数となる。

２つ目に、地域差を比較できる点。

「学習指導要領　社会科」に次の一文がある。

> 「自分たちの住んでいる身近な地域や市（区、町、村）について、次のことを観察、調査したり白地図にまとめたりして調べ、地域の様子は場所によって違いがあることを考えるようにする」

今回の授業ならば、下関と静岡を比べていた。静岡には「テントになるブランコ」があるのに、下関にはない、と。教科書に載っている場所と下関を、比べていた。

3つ目に、他の単元でも有効な点。地震だけでない。

水の学習では、福岡県那珂河町の水源の森が紹介されていた。

> 「下関にも水源の森はありますか」（水の学習）

ある男子が、週末、家族で下関の深坂の森へ出かけた。

水源の森の看板を写真に撮ってきた。

写真は教室に掲示した。

もちろん、家族に一筆箋を書く。

ごみの学習では、北九州市が「ごみ袋を有料化してごみの量が減った」という資料が教科書にある。

そこで、次の発問をした。

> 「下関市もごみ袋を、有料化しています」
> 「今、大きなごみ袋が30円です。しかし、2010年より前は45円でした。30円のほうがいいですか？　45円のほうがいいですか？」

30円がよいが15名。

45円がよいが20名。子供たちは、高いほうがごみが減るからよいという意見があった。

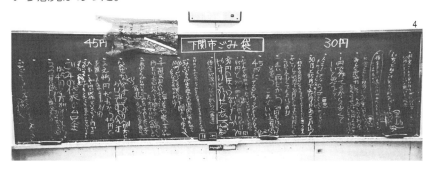

　子供たちは、他の地域のごみ袋の値段を調べたり、地図帳から都道府県の面積や人口、税金なども調べたりしていた。

　1枚のごみ袋の値段を通して、①下関と他の地域のごみの量の比較、②下関と他の地域の面積の比較、③下関と他の地域の税収入の比較、④今の下関と昔の下関のごみの量の比較をしていた。

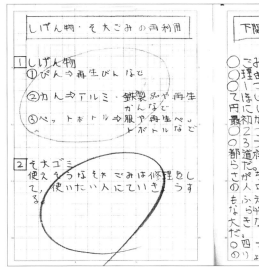

◆**実践例②　3年「地図」**◆

　3年の社会。市内で使っている教材は、教師が作成した資料集である。山の地域、川の地域、海のそばの地域、住宅が集まった地域を、地図をもとにして学習する。

　川の地域を学習した。菊川町という地域である。

ページを開いて、タイトルを音読する。

> 「地図。2つすることがあります。何ですか？」

子供たちは答えた。
（方位と縮尺を○で囲みます）

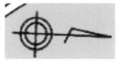

毎時間毎時間、指導を続けている。どちらも地図帳の必須スキルである。
方位には、東西南北を書き込ませた。

> 「地図を見て、分かったこと、気づいたこと、思ったことを箇条書きしなさい」

子供たちは、すらすらと書いていた。
「数だけではありません。内容も良いのです」
「道の駅と郵便局は、400mはなれています」
「菊川中学校の南に、郵便局があります」
「川棚（子供たちが住んでいる地域）と比べて、田が多いです」
縮尺、方位、そして2つの地域を比べる。どの見方も大事なスキルである。5分後。発表した。子供たちは、次々に発表した。
その中で、A君が、クラスのみんなに質問をする。

> 「地図の左上に、横2本のマークがあります。あれは何を表しているのか、ぼくには分かりません。だれか、教えてください」

確かに、＝と書いている。
Bさんがすぐに答えた。
「あれは、電線です」

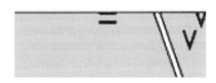

「なるほど〜〜〜！」

ところが、別の子が言う。

「あれは、橋です」

「いえいえ、あれはえんとつです」

いつのまにか討論が始まる。

「橋って言いましたけど、川が流れていませんよ。どうですか？」

川が無ければ橋ではない。この単純にして、明確な論理に、みんな納得する。

「電線も違うでしょう。もし、電線なら、たくさん＝の記号があるはずです」

Ｂさんが、答える。

「このあたりだけ、たくさん電線があるんじゃないでしょうか？」

結局、結論は出ないままチャイムがなった。

子供たちの意見では、「これは田の記号ではない。しかし、何の記号かは不明である」というものであった。

中学年だけでなく、何かの資料の読み取りのときに、「ぼくは〜が分かりません。だれか教えてください」と質問するスキルは子供たちに教えておくとよい。

私はどの学年を担任しても教える。

子供たちは、教師が予想できないような答えを次々と出す。そしてどれが正解なのか検討を始める。

授業が白熱する。

自然発生的に、討論、アクティブ・ラーニングにつながる。

5 道徳でアクティブ・ラーニング
偉人から学んだ生き方を、自分の生活にトレースする7つのカギ

持久走大会にむけて、練習が始まっていたころ。
道徳の授業（副読本）で、羽生結弦さんの授業をした。
「ゆめにむかって」という学習内容である。
持久走大会にむけて、ぴったりの内容だ。
次のように授業した。

---
①資料を読む

道徳の資料は、教師が読み聞かせをする。
私が読もうとすると、教室がやや騒がしい感じがした。
水曜日の５時間目。
掃除がないので、昼休み終わってすぐの授業である。
昼休みの興奮が、そのまま５時間目に残っていた。
こういうとき「静かにしなさい」と注意することもできる。
しかし、授業すぐに注意も、教師として少し情けない気もする。
「目で読みます。全員、起立」と指示した。
数秒後、教室がし〜んとなる。
外の風の音が聞こえるほどの静寂さである。
子供たちを集中させるには、「活動させる」のがポイントだ。
３分後、読み終えた子から座る。
座っても、目で読むように指示した。

---
②あらすじを大まかにつかむ

「誰が、どうした話ですか？」

A君を指名した。
「羽生さんが、スケートをがんばって　夢をかなえた話です」と答えた。
「そのとおりですね」と私も答えた。

③夢をかなえた考え方、行動に線を引く

「羽生さんは、夢をかなえました。また今でもさらなる夢にむかっています」
「羽生さんが、夢をかなえられたのはどうしてですか？」
「羽生さんの考え方、行動に線を引きなさい」
　副読本は、偉人がたくさん載っている。
　その多くは、夢をかなえた人たちだ。
　夢をかなえるための原理原則がちりばめられている。
　線を引かせることで、その原理原則に気づかせることができる。

④どこに線を引いたか、隣同士で話し合う

「どこに線を引きましたか。隣近所に言いなさい」
　子供たちは、「ぼくはここに引いたよ」と話し合っていた。
　数分後、「線を引いた、その理由も隣近所に言います」と指示した。
　わいわいがやがやと、子供たちは楽しそうに話していた。

⑤発表する

　隣同士で話し合ったことを、全体で発表させる。
「ぼくは、やめなかったに線を引きました。なぜなら、小学校のときやめていたら、夢はかなわなかったからです」
「私は、くやしいに線を引きました。金メダルでもくやしいという気

持ちだから、夢はかないました」
　発表は、どんどん続く。
　子供たちの発表を、私が整理した。
　４つのポイントである。
　①毎日、練習する
　②続ける
　③ライバルがいる
　④１位でもくやしい

⑥自分の生活に当てはめる

　「みんなも、もうすぐ持久走大会がありますね。１から４で自分に当てはまるってことありますか？」
　毎日練習すると言う子が30名。
　続けるが35名。
　ライバルがいるが34名。ライバルの名前を、どんどん言っていく。
　名前が出るたびに、盛り上がる。
　「Aさんです！」「B君です！」「C君です！」というようにである。D君は「自分がライバルだ」と言っていた。とてもすばらしい考えだ、と褒めた。
　「１位でもくやしい」は、４名が手をあげた。

⑦羽生さんから学んだ生き方、これから自分でやる行動を書く

　「羽生さんから学んだ生き方、これから自分でやる行動を書きなさい。ノート１ページ書きなさい」と指示した。
　書くことで、考えが整理できる。
　さらに意思決定できる。

道徳でアクティブ・ラーニングする際、二者択一の発問が多い。

　例えば、「私たちの道徳」に「人類愛の金メダル」という資料がある。

　オリンピックでキエル兄弟がおぼれそうになったライバル選手を助けた資料だ。

　「キエル兄弟の行動が、あなたならできるか、できないか」で討論した。白熱した討論になった。

　「命の方が金メダルよりも大事である」「いや、４年に１度のオリンピックだ。私にはなかなかできない」と白熱した。

　二者択一でもよいが、偉人の資料の場合、①夢をかなえた偉人の行動に線を引く、②隣近所で相談する、③自分の生活に当てはめる、という方法もある。

　ときに、「成功できたのはどの行動が一番の理由か」で討論したこともある。野口英世の資料である。「多くの人々の支え」か「ねむらない日本人と呼ばれるまでの努力」かで討論になった。「本人が努力したからこそ、周りが支えたのです。怠けている人を支えようと思いますか？」という意見が出た。

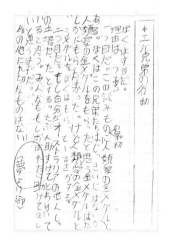

　偉人が成功することができた原理原則をトレースすることができる７つのカギは、多くの資料でも使える展開である。

Ⅳ 逃げない・孤立しない！ かっこよく！ 尊敬される担任教師10か条

温かく長い目で対応する
学校一の乱暴なＡ君が「穏やかな目」に変わった10のカギ

　Ａ君。学校で一番の乱暴な子であった。
　友達を殴る、教師を殴る。学校で一番怖い男先生に対して、「うるせぇ、てめぇ！」と殴りかかる。
　いつも、目はつり上がっていた。
　ある教師は「全員、敵に見ている感じだよね」と言っていた。
　そんなＡ君を担任した。
　1年後、職員室で「Ａ君は変わった。穏やかになった。トラから猫のようにやさしい目になったね」と言われるようになる。保護者からも大量のお礼の手紙がきた。Ａ君の保護者からだけでなく、周りの保護者からである。「ようやく安心して学校に行かせることができます」との手紙だ。

> 1条　温かく長い目で対応する。

　4月出会ったばかりのころ。変えてやろうと、林は意気込んでしまった。
　国語のとき、Ａ君が発表している子に対して、ちゃちゃを入れる。
　「意味が分からん！」
　「あいつ、何言ってんじゃ！」
　つい「うるさい！　人の邪魔だ！」と怒鳴った。
　Ａ君の目つきが変わり、休み時間に荒れた。
　教室の壁を蹴る。
　「くそ！」「死ね！」とぶつぶつ言っている。

放課後に一人教室で思い出す。

あのとき、小さな声で「意味が分からないので、もう一度言ってください って言うんだよ」となぜ教えてあげなかったのか。

「聞こうとしているんだね」と言ってあげなかったのか。

すぐに変えてやろうと、意気込みすぎた自分に気づく。

温かく長い目で対応すれば、気持ちに余裕ができる。

担任は、ずでんと構えておかなくちゃいけない。

2条　教えて褒める。

A君は、抜け落ちていることがあった。たとえば、友達との遊び。

「一緒に遊ぼう」と言えばいいのに、悪口から入る。

「うぜぇ！　ボールよこせ！」

ちょっとふざけたつもりで、首を思いっきり腕でしめる。

やられたほうは、涙を流しながら林に訴える。

「A君に首をしめられました」

A君は「一緒に遊んでほしかった」と言う。

TOSS教材「ソーシャルスキルかるた」が一番有効だった。

かるたで遊びながら、学習規律・友達関係などのスキルを身につけることができる。

「遊びたいときはなんて言うの？」

「一緒にあそぼ」

「そうだよ！　かしこいなぁ！」
　ある日、1年生が運動場で、けんかをしていた。
　1年の担任があわてて止めていると、A君がそばに来て言ったそうである。
「おちつこう　はらがたったら　しんこきゅう」
　A君は、ソーシャルスキルかるたで、「しんこきゅう」というスキルを知った。身につけるまでは時間がかかるが、知ったことは大きい。
　1つ1つ教えて褒めることが大事だ。

3条　ならぬはならぬ。ルールは明文化する。

　A君と約束した。
「なぐらない。けらない」
　紙に書いて、私の引き出しの中に貼った。
　4月は毎朝、一緒に読んでいた。
「昨日、人を殴っていないよね。えらいね。約束守って」
「オレ、守るから」
「えらいぞ！　期待しているぞ！」
　4月は2回、女子を蹴った。
　5月は1回。
　保健室の先生が「昨年は1日3回は、人を殴っていたわよ」と言うから、大きな成長だ。
　女子を殴ったときは、「殴るな！　約束だろう」と怖い顔をして叱った。
「オレ、殴ってないし！」
　隣の空き教室へ行く。
　目つきは、いつもどおり。
　しかし、白目は向いていない。今までとは、何かが違う。
　今なら指導できると判断した。
「先生、目の前で見た。殴るな！」と、もっと怖い顔をした。

「ごめんなさい」と泣いていた。
　彼は「ごめんなさい」と謝るようなことは、昨年度も、そして今年も1回もなかった。
　大きな成長だ。
「先生は、Ａ君に期待している。君は約束を破るような男じゃない。何かあったのか？」
「朝、登校班で嫌なことがあった。６年生が文句言ってきた……」
「そうか、それでイライラしたのか」
「うん」
「イライラしたら、どうするの？」
「深呼吸」
「偉い偉い！」
　殴る、蹴るだけは許さないとクラス全体にもルールを示している。

> 4条　授業で、小さな成功体験を積み重ねる。

　休み時間に一緒に、ノートに日付を書いた。チャイムが鳴る。
「日付を書いた人持っていらっしゃい」
　当然、Ａ君が一番に持ってくる。席も一番前だ。
「Ａ君、一番!!　すごいぞ！」
　飛び上がって喜んでいる。
　社会科が始まる前から、地図帳を開いていた。
　地名探しを、一番にしたいそうだ。
　もちろん、一番に指名した。
　休み時間に授業の準備をするという成功体験を毎日続けるようになった。
　算数テストでも100点を取った。お母さんから「1000円もらった」と言う。
　お金はやめてほしかった。が、一緒に喜んでいることは、素直にうれ

しかった。
　A君は、間違うことをとても恐れた。
　計算などを間違うと、机につっぷす。ノートをなめて、破る。
　そこで、間違わないように対応した。
　彼が計算を書き始めると、私は小さな声で言う。
「いいよ、大丈夫だよ」
「そうそう、3だよね」
「よおし！」
　A君が間違っていると、すぐに「おしい！」と言う。
　彼は、すぐにハッとして計算をし直す。
　4月から11月まで、続けた。
　12月には、×がついても、キレることはなくなった。
　3学期には、一番算数に取り組む子供になっていた。

　5条　休み時間は、どこにいるのか把握する！
　　　そして下駄箱でA君を迎える！

　A君のトラブルは、休み時間に多い。
　ドッジボールになると、確実にけんかになる。
「あたってない！」
「あいつ、わざとあてた！」と。
　私が一緒にいると、けんかにはならない。
　鬼ごっこだと、私がいなくてもけんかにならない。
　A君が休み時間に何をしているのか、見ている。
　ある日、私は他の子に誘われ、砂場で穴掘り。
　A君は、運動場の向こうで鬼ごっこをしていた。
　トラブルにはなっていなかった。
　しかし、それから1週間後の昼休み。
　A君は、キックベースをしていた。

私はその近くで、別の子供たちと鬼ごっこをしていた。
　Ａ君は楽しそうにしていた。
　それで安心していた。５時間目。
　Ａ君が教室に戻ってこない。外を見ると、１ｍくらいある竹を振り回している。
　教室にいる子供たちに読書をしておくように指示。
　急いで外に出る。
　Ａ君は興奮していた。
　「死ね！　殺す‼」と叫んでいる。
　隣の教室でクールダウンさせる。
　その間、生徒指導主任が、教室を見てくれた。
　15分後には、目つきが戻る。
　理由を聞くと、泣きながら話してくれた。
　「ボールをけったら、みんなが笑った」
　「笑ったの？」
　「うん、それで頭にきた」
　昼休み終了間際のことだったと言う。
　下駄箱で、私が待っていれば、そこまで興奮しなかっただろう。詰めが甘かった。

6条　記録を取れ、トラブルの原因を探れ。

　１年間、記録を取った。
　取り始めて27日目、ある程度の決まりがあるように感じた。
　Ａ君がどの天気で、どの湿度で、いつ、どこで、だれと、トラブルになるのか。１つ原則があった。
　Ａ君が荒れるのは、水曜日・木曜日の晴れた日に多かった。
　①週の間だから疲れるのか。
　②水と木に専科の授業があるからか。

③暑いからか。
④水が5時間目で終わるからか。
⑤それともそれ以外の理由か。
いずれにせよ、水と木となれば、心構えはできる。
いつも以上に、A君に話しかける。
いつも以上に、朝からA君を褒める。
A君のけんかが、激減した。

時間と場所も大事だ。
A君がトラブルになるのは、①休み時間、②廊下、③運動場である。
特に、男子トイレ前の廊下だ。
授業中は起きない。
教室でも起きない。
私がいるからだろう。
「休み時間」「トイレ前の廊下」となれば、対応ができる。
休み時間は、廊下と教室の間に椅子を置いた。
そこに、私が座る。
子供たちも廊下と教室に集まってくる。
他の学年の子とも会話ができる。
A君も膝の上に乗ってくる。
トイレ前の廊下には「おちつこう　はらがたったら　しんこきゅう」と書かれたポスターを貼る。
TOSS教材である、ソーシャルスキルかるたの取り札をスキャナーで取り込んだ。

発達障害の子供のなかには、長期記憶、短期記憶ともに苦手な子供もいる。
つまり、「すぐに忘れてしまう」のだ。

映画「ファインディング・ニモ」に出てくるドリーのように、「すぐに忘れてしまう」のである。
　そのような子供に対して、「どうして約束を守らないんだ！」と叱っても効果は薄い。「守る」前に、約束を「忘れて」いるからである。
　それよりは、トラブルの多い場所に、怒りを落ち着かせるスキルを貼ったほうがよい。
　11月からは、Ａ君のけんかが０になった。

7条　保護者もまたキレやすい。味方になりつつ事実は伝える。

　過去にＡ君を担任した教師が、Ａ君の特別支援計画をつくろうとした。保護者に伝えると「裁判にするぞ！」と怒鳴られたらしい。
　「うちの子を、障害者と思っている！」
　事前に、校長と担任で説明したけど、キレたそうだ。
　まずは、Ａ君の保護者との信頼関係づくりである。
　Ａ君ががんばっているところを通信、連絡帳、一筆箋で伝えた。
　9月末、宿題で、Ａ君は原稿用紙１枚作文を書いた。いつもは、半分を超えるあたりである。
　私のクラスでは、宿題の作文は原稿用紙１枚、最後の行まで書くのが約束である。
　Ａ君は、「１枚は書けない」と言う。
　そこで、１学期は「半分は超えようね」と約束していた。
　原稿用紙１枚、最後の行まで書いているので、私はすぐに連絡帳に書いた。
　「いつもお世話になります。Ａ君が宿題で原稿用紙１枚書きました。昨日も算数で、代表で黒板に式と答えを書きました。す〜〜ごくがんばっています」
　保護者から、長文のお礼文がきた。最後の一文は「ありがとうございます」と書かれていた。

親は、わが子が褒められればうれしいのだ。
　古今東西の原理である。信頼関係ができたのち、発達障害について個人懇談で伝えた。
　「先生ね、うちの子キレやすいでしょう。家でトランプしていても、負けたら、泣き叫ぶんです」
　「そうですか、他にも何か困ったこととかありますか？」
　小さなころから、友達とのトラブルが多いことを話していた。
　スクール・カウンセラーに相談してみましょう、ということになった。
　「大丈夫ですよ」という、リップサービスをしてはならない。

8条　TOSS教材をどんどん使う。
　　　ただし、ユースウェアどおりに使う。

　A君が大好きなもの。
　五色百人一首。計算スキル。話す聞くスキル。ソーシャルスキルかるた。フラッシュカード。全部、TOSS教材だ。
　うつしまるくんをしたとき。し〜んとなる教室でほっとしてしまった。
　席に座って、ふうぅと、私は休んでいた。
　A君を担任し、毎日が闘いであった。
　一瞬の休息もない。
　授業中、棚から原稿用紙を取ろうと、後ろをむく。すると、その瞬間に、近くの男子にA君は消しゴムを投げていた。
　音楽の時間、音楽準備室にCさんと太鼓を取りに行く。その30秒のあいだに、A君はリコーダーで別の子を叩いていた。
　わずかな空白が命取りになる。
　しかし、うつしまるくんをさせているときは、静かだった。
　ほっとした。
　それから数分後。

ふと見ると、A君が鉛筆の芯を机で突き刺し折っている。
目つきも白目になっている。
見ると、手本の字と写す字がずれて、どこから書けばいいのか分からないのだ。
しまった！
あわてて、手本のところを、私は指で押さえていった。
「ここからだよ」と小さな声で伝える。
すると、泣きながら、また写し始めた。
ふうぅと、落ち着いている場合じゃなかった。
すぐれた教材には、正しい使い方がある。
医療器具でも同じ。すぐれた医師がすぐれた道具を、正しく使うから効果が出る。

9条　他の先生の力を借りる。
　　　ただし、担任の責任は放棄しない。

多くの先生が助けてくれた。
内科検診のとき。検診がすんだ子から、教室へ戻る。
事前に読書をするように言っていた。
しかし、大げんかとなっていた。
A君が「あいつのパンツが見えた！」と、ある子をからかっていたらしい。
からかわれたほうが、怒り、けんかとなる。
次の日は、耳鼻科検診。
教室は、生徒指導主任がついてくれた。
事前にお願いしたのだ。
「昨日、内科検診の間に、けんかをしたのです。すみませんが、教室にいていただけないでしょうか？」
快諾してくださる。

荒れたクラスは、何年も荒れ続けたクラスは、担任一人では無理である。
　水泳のときも、周りの先生に力を借りた。
　着替え。絶対にトラブルになると感じる。
　そこで、私が一緒に着替えることにした。
　職員着替え室ではなく、私は男子と一緒に着替えた。
「わぁ！　パンツが見えた！」
「わぁ！　ちんちんだぁ！」
　Ａ君はいつも以上に、テンションが高い。
　しかし、私が近くにいる。
　テンションは高いが、トラブルになることはない。
　着替えている間のプールの薬品チェック、水温チェックなどは、別の先生がしてくれた。
　助けてもらう場面は、どんどん助けてもらったほうがよい。
　しかし、担任の責任は放棄しない。
「もう、私にはＡ君は無理です」などとは言わなかった。
　担任だからこそ、できる仕事がある。
　ネバーネバーネバーギブアップ。
　担任があきらめなければ、必ず道は開ける。

10条　大変なときほど、サークルに行く。セミナーに行く。

　5月末。左耳が、き～～んと音が鳴るようになる。
　初めは気にしていなかったが、音がどんどんひどくなる。
　病院に行く。「ストレス」とのこと。ほっとした。なんだぁ、病気じゃないのかと。ストレスなら、笑顔で吹き飛ばせる。
「大変」とは、「大きく変わる」と書く。
　大変なクラスほど、大変な子供ほど、教師としての自分が「大きく変わる」チャンスである。

毎週、TOSSサークルに通う。サークルの仲間と、授業について検討する。そこにお世辞はない。ダメな授業はダメと言われる。気持ちが良い。明日やってみたい授業ネタを、たくさん手に入れることができる。
　サークル代表の河田孝文氏に悩みを相談した。
「そうかぁ、大変だねぇ。まぁ、笑って乗り越える！」
　この一言で、心が軽くなる。
　つらいときほど、サークルに行く。セミナーに行く。
　道は必ず開ける。担任が暗い顔をしてはダメ！　明るく前進する！

あとがき

　大学時代のときだった。
　待ち合わせしていた知人が遅くなり、私は本屋に寄る。
　大村はま、西郷竹彦氏の書籍を手に取って読んでいた。
　偶然、その右上の本棚に、「教え方のプロ」と書かれた本があった。無視できないほど、あまりに強烈なタイトルだ。
　手に取ると、『向山洋一全集』とある。
　ページを開く。新卒教師の８割が学級崩壊する、とある。
　瞬間、「オレは大丈夫だろう」と思った。
　教育実習で、うまくいったからである。
　しかし、春休みになると心が揺らいだ。いよいよ教育現場に立つ。８割の新卒教師のように、学級崩壊するのではと心配になった。
　すぐに本屋に行く。『向山洋一全集』をすべて購入した。
　それが私の人生の１回目の分岐点である。

　新卒１年目。すぐにTOSSサークルに入る。
　TOSS岩国教育サークル、TOSSチャレンジャー、TOSS長州教育サークル、TOSS/Advance。毎週サークルに出かけた。片道２時間の道のりも苦ではなかった。車中、先輩と授業の話、酒の話、恋の話をするのが楽しかった。
　サークルに入り、３年後。
　河田孝文氏のそばに住む。河田氏の家まで、車で10分のところだ。これが私の人生の２回目の分岐点である。
　私の授業術の99.9％は、河田氏から学んだ技術である。
　毎週、例会に行く。
　例会のない残りの６日間は、毎日、河田氏の授業音声を聞く。
　「サークルで一番授業が下手くそ」と呼ばれていたが、それでも楽し

かった。
　サークルで学んだことを、次の日の授業で実践する。
　すると、クラスの子供たちが、「先生の授業、楽しい!!」と言ったからである。子供から「授業が楽しい」と言われるのが、教師にとって一番の幸せである。教師の仕事の醍醐味である。

　教師になり１６年目。
　憧れの向山洋一氏から「林は見どころがある」「授業がうまい」と言っていただいた。
　どんなに授業がへったくそな教師でも、必ず授業力は向上するのである。
　あきらめず、続けていけば、授業力は向上する。
　授業力が向上すれば、学校一暴れん坊のＡ君が、素敵な笑顔を見せてくれるようになる。
　授業力が向上すれば、算数大嫌いなＢさんが、「算数大好き！」と言うようになる。
　授業力こそ、教師の生命線である。

　林の著作集が世に出るのは、まぎれもなく樋口雅子編集長のおかげである。樋口氏からは、駆け出し時代からずっとかわいがっていただいている。
　向山洋一師匠、河田孝文師匠、樋口雅子編集長、本当にありがとうございます。さらにさらに授業力を向上させることが、最大の孝行だと思っています。暴れている子供、お勉強が苦手な子供が「学校楽しい！」「授業が楽しい！」となる授業を創り出します。これからもご指導ください。
　平成30年１月29日

　　　　　　　　　　　　　　　　　　　　　　　　林　　健　広

〈著者〉

林　健広（はやし　たけひろ）

1979年生。山口県下関市立小月小学校勤務。
TOSS下関教育サークル代表。
主な著書に『学テ算数B問題―答え方スキルを育てる授業の布石』
（学芸みらい社）、『楽しいモデル作文114―お手本ナビゲートでど
の子も書ける作文指導』（明治図書）などがある。

●次世代教師シリーズ

ズバッと成功！教室の困難児指導
●勉強苦手・暴れん坊君とつきあうヒミツのカギ

2018年5月15日　初版発行

著　者	林　健広	
発行者	小島直人	
発行所	株式会社 学芸みらい社	

　　　　〒162-0833 東京都新宿区箪笥町31 箪笥町SKビル
　　　　電話番号 03-5227-1266
　　　　http://www.gakugeimirai.jp/
　　　　e-mail：info@gakugeimirai.jp

印刷所・製本所　藤原印刷株式会社
企画　樋口雅子　校正　菅洋子
装丁デザイン　プレステージエイム・大浜剛

落丁・乱丁本は弊社宛にお送りください。送料弊社負担でお取り替えいたします。
©Takehiro Hayashi 2018 Printed in Japan
ISBN978-4-908637-72-8 C3037

小学校教師のスキルシェアリング
そしてシステムシェアリング
―初心者からベテランまで―

授業の新法則化シリーズ
＜全28冊＞

企画・総監修／向山洋一 日本教育技術学会会長
TOSS代表

編集・執筆 TOSS授業の新法則 編集・執筆委員会

発行：学芸みらい社

　1984年「教育技術の法則化運動」が立ち上がり、日本の教育界に「衝撃」を与えた。そして20年の時が流れ、法則化からTOSSになった。誕生の時に掲げた4つの理念はTOSSになった今でも変わらない。
1. 教育技術はさまざまである。出来るだけ多くの方法を取り上げる。（多様性の原則）
2. 完成された教育技術は存在しない。常に検討・修正の対象とされる。（連続性の原則）
3. 主張は教材・発問・指示・留意点・結果を明示した記録を根拠とする。（実証性の原則）
4. 多くの技術から、自分の学級に適した方法を選択するのは教師自身である。（主体性の原則）

　そして十余年。TOSSは「スキルシェア」のSSに加え、「システムシェア」のSSの教育へ方向を定めた。これまでの蓄積された情報をTOSSの精鋭たちによって、発刊されたのが「新法則化シリーズ」である。

　日々の授業に役立ち、今の時代に求められる教師の仕事の仕方や情報が満載である。ビジュアルにこだわり、読みやすい。一人でも多くの教師の手元に届き、目の前の子ども達が生き生きと学習する授業づくりを期待している。

（日本教育技術学会会長　TOSS代表　向山洋一）

学芸みらい社
GAKUGEI MIRAISHA

株式会社 学芸みらい社（担当：横山）
〒162-0833 東京都新宿区箪笥町31 箪笥町SKビル3F
TEL:03-6265-0109（営業直通）　FAX:03-5227-1267
http://www.gakugeimirai.jp/
e-mail:info@gakugeimirai.jp

『教室ツーウェイNEXT』好評既刊

4号
A5判 並製：172p
定価：1500円＋税

特集 "合理的配慮"ある年間プラン＆教室レイアウト63例
〈子どもも保護者も納得！快適な教室設計のトリセツ〉

新指導要領「子どもの学習困難さごとの指導」への対応で、教室の"ここ"が"こう"変わる！ ■配慮が必要な子を見逃さない ■ないと困る支援・教材／あると役に立つ支援・教具 ■今、話題の教育実践に見る合理的配慮 etc.――合理的配慮ある年間プランを立てるヒント満載！

《ミニ特集》 アクティブ型学力の計測と新テスト開発の動向

■エビデンスベーストで考える ■授業研究史からみたAL型学力の育成と計測 ■国研「論理的な思考」計測のテスト問題を深読みする ■討論・コミュニケーションの評価法

5号
A5判 並製：172p
定価：1500円＋税

特集 "学習困難さ状態"変化が起こる授業支援60
〈音読ではダメ場面などで有効なスキル満載〉

「学習の困難さのカベ」にどうトライするか。「新指導要領案」では、「各教科等における障害に応じた指導上の工夫について」という項目の説明に、「安易な学習内容の変更や学習活動の代替にならないよう」という記述が登場。■学習の困難さと学習障害の違いと共通点 ■支援を可能にする指導案作りと工夫点 ■学習障害に関する学会・研究会情報一覧 ■特別支援教育の個別支援計画ヒント ■アメリカ学習障害に関する最新レポート

《ミニ特集》 2学期の荒れ――微細兆候を見逃さないチェック法

■夏休み明け――シルバー3日間に打つ手ベスト5 ■夏休み明けの変化はどこに現れるか ■2学期の学級経営――荒れの兆候を潰し、明るい教室づくりのヒント

6号
A5判 並製：180p
定価：1500円＋税

特集 「道徳教科書」活用
考える道徳授業テーマ100

新教科「道徳」でどこが変わるのか。道徳教科書活用でも楽しい道徳授業ができる秘訣とは。教室のリアルに迫る討論型授業の新構築と、「人としての生き方5原則」を貫く道徳の新構想。
■教室のモラルに問いかけるテーマと発問ヒント ■どこが違うの？8社の道徳教科書 ■新要領・教科書登場の授業構想 ■子どもが夢中になる授業作りのポイント ■教師の知らないところで起こるモラルハザード ■究極のテーマのためのネタ教材はこれだ！

《ミニ特集》 小学英語移行措置＝達人に聞く決め手！

■小学英語の年間プラン ■移行期の不安とお悩み相談QA情報

『教室ツーウェイNEXT』好評既刊

創刊記念1号
A5判 並製：172p
定価：1500円＋税

特集 アクティブ・ラーニング先取り体験！〈超有名授業30例〉

- ■向山氏の有名授業からALのエキスを抽出する
- ■有田和正氏の有名授業からALの要素を取り出す
- ■野口芳宏氏の有名授業からALの要素を取り出す
- ■ここにスポット！ALの指導手順を整理する
- ■最初の一歩 かんたんAL導入・初期マニュアル
- ■授業のヒント大公開。今までで一番ALだった私の授業

《ミニ特集》発達障がい児 アクティブ・ラーニング指導の準備ポイント

- ■ALを実現する状況設定 ■ALで予想される問題行動と対応
- ■誤学習させないALのポイント ■ALを実現する"教材教具"

創刊2号
A5判 並製：172p
定価：1500円＋税

特集 "非認知能力"で激変！子どもの学習態度50例！

- ■非認知能力をめぐる耳寄り新情報 ■非認知能力を育てる指導場面→「しつけ10原則」 ■リアル向山学級→非認知能力をどう育てているか ■非認知能力に問題のある子への対応ヒント
- ■特別支援教育と非認知能力の接点 ■すぐ使える非認知能力のエピソード具体例 ■非認知能力を学ぶ書籍ベスト10

《ミニ特集》いじめ──世界で動き出した新対応

- ■いじめ対応先進国？ アメリカのいじめ対応とは ■向山洋一「いじめ対応システム」の先進性 ■日本の「学校風土」といじめ防止策 ■いじめに学校で取り組むためのプログラム

3号
A5判 並製：164p
定価：1500円＋税

特集 新指導要領のキーワード100〈重要用語で知る＝現場はこう変わる〉

改訂の柱は「学ぶ側に立った指導要領」（元ミスター文部省の寺脇先生）。具体的には──子供にどんな見方・考え方を育てるか／授業で目指す資質・能力とは何か──となる。
教科領域ごとの改訂ポイントを詳述し、「学習困難さ状況」に対応した、役に立つ現場開発スキルを満載紹介。

《ミニ特集》いじめ ディープ・ラーニング

- ■文科省「いじめ防止対策案」はなぜ機能していないのか
- ■「いじめ撲滅」と「いじめに負けない心」はどちらの教育が先？ ■子どもはどう「不満・不快感」を発信するのか

※学芸みらい社《国語》関連書籍、好評既刊
日本全国の書店や、アマゾン他のネット書店で注文・購入できます！

『国語テストの"答え方"指導
基本パターン学習で成績UP』
向山洋一（監修）／遠藤真理子（著）

A5判並製　168ページ　定価：本体2000円＋税
ISBN978-4-908637-18-6 C3037

「テストの答え方なんて、指導するの？」と思った人、必読。なぜなら"基本パターン15"を押さえれば国語の成績、グーンとUPなのだ。
国語テスト問題の疑問点を洗い出し、授業でどう指導するか、発問紹介。すぐ使えるプリント、アクティブ・ラーニングにも触れた話題作！

『子どもが論理的に考える！
"楽しい国語" 授業の法則』
向山洋一（著）

A5判並製　224ページ　定価：本体2000円＋税
ISBN978-4-908637-46-9 C3037

文学作品を読んで作者の気持ちを問い、あとは漢字習得を宿題にしてきた過去の国語授業。全ての教科の土台となる国語教育が心情べったりでいいのか。
世界を相手に、論理で交渉できる人間を「国語授業で育てよう」。
本書はその土台づくりとなる1丁目一番地だ！

『国語学テB問題
答え方スキルを育てる授業の布石』【重版！】
椿原正和（著）

A5判並製　140ページ　定価：本体2000円＋税
ISBN978-4-908637-50-6 C3037

全国一斉に実施される学テ。隣の学校と比べて…と悩む学校は少なくない。でも、答え方の基礎基本を指導すれば畏れることは全くない。「問題の構造をとらえるスキル」「本文とリード文を線で結ぶ」等、授業指導のノウハウ指導と共に、どの子も抜群の出来である椿原学級の普段授業のノウハウも大公開！